中学校

社会の授業がもっとうまくなる50の技

青柳 慎一
Aoyagi　Shinichi

明治図書

はじめに

　社会科授業は，これからの未来を生きる子どもたちが，平和でよりよい社会を築いていくために必要な資質・能力を身につけていくための学習の場です。子どもたちは，変化が著しい現代社会を，持続可能な形で豊かにしていくために，社会科授業の中で何を，どのようにして学び，何ができるようになればよいのでしょうか。

　社会的事象から課題を見いだし，主体的に追究していく授業展開。必要な情報を集めて考察し，課題解決に向けて発表や議論をする生徒の姿。きっと，これからの社会科授業は，今以上にアクティブに展開し，社会科らしい見方・考え方を働かせてより深い学びを実現することが期待されます。社会科教師の責務は，ますます重くなると感じています。

　社会科授業の工夫改善については，これまで多くの先生方の研鑽の成果が共有され，ノウハウが蓄積されています。一方で，教育現場では，教員採用の実状として中堅の教員層が薄く，若手の先生方が多い年齢構成になっています。また，地域によっては，少子化の影響により学校が小規模化し，先輩の社会科教師から学べる機会が少なくなっているという現状があります。

　本書は，以上の問題意識を基に執筆しました。本書で取り上げた実践事例は，筆者が試行錯誤する中でまとめたものであり，改善すべき点が多いと思います。ぜひ，多くの先生方と授業改善の方策について情報を共有し，授業力の向上に役立てられたらと願っています。

　本書の出版に当たりましては，明治図書出版株式会社の矢口郁雄氏に大変お世話になりました。ここに厚く御礼申し上げます。

2020年8月

青柳　慎一

もくじ

第3章
ジグソー法を活用した授業が
もっと
うまくなる5の技

第4章
身近な地域の学習が
もっと
うまくなる10の技

第5章
社会参画の視点を取り入れた授業がもっとうまくなる9の技

第6章
指導計画を活用した授業づくりがもっとうまくなる6の技

第7章
評価の仕方と生かし方がもっとうまくなる5の技

「社会の授業がもっとうまくなる技」について考える

1 毎日の授業づくりを考える

　私は，「何を」「生徒に」「どのように」の順で，授業の構想を練ります。

①何を

　「何を」は，学習目標と学習内容です。まず，学習指導要領に示された内容を確認します。そして，学習目標を押さえていきます。学習目標が，授業づくりの柱になります。単元の構成も，学習の過程も，学習活動も，そして教材の工夫も，学習目標から逸れたものであっては意味がありません。授業を構想するとき，常に「目標に迫っているか」を問いかけています。

　次に，授業で取り上げる内容を構成する事象や事柄を押さえます。学習指導要領には，取り上げる事象や事柄，配慮事項が，内容や内容の取扱いで明示されている場合があります。この点を確認し，主たる教材である教科書の内容を読み込みます。さらに，教科用図書「地図」や補助教材，学校にある教具などを使って教材研究を進めます。専門書を紐解いたり，身近な地域の資料に当たったりといった努力も大切です。教材に関する情報が豊富だと，授業づくりに幅ができます。

②生徒に

　授業の構想を練るためには，生徒の実態をつかんでおくことが必要です。

　まず，生徒の主体性を引き出すためには，社会科学習に対して，どのようなことに関心をもっているのか，どのような力を身につけたいと思っているのかといったことを把握し，授業づくりに生かしていきます。

　生徒の学習経験を押さえておくことも大切です。これまでどのような知識

や概念，技能を習得しているのか，どれくらい見方・考え方が身についているのかといった資質・能力，どのような学習活動を経験しているのかといった学習方法などについて把握します。これらの情報は，資質・能力の計画的な育成を図るうえで大切であり，学習活動の工夫を図るうえでも必要です。また，学習者の立場から見ると，小学校社会科や中学校の他教科での学習経験も社会科学習と関連しています。年間指導計画を活用したカリキュラムの把握や同僚の先生方とのコミュニケーションも有効な情報源となります。

③どのように

　学習目標や学習内容，生徒の実態，さらに学校の教育課程や地域との関連，教師や保護者の願いなどを踏まえて，どのように授業を展開するか構想を練ります。その際，配当時数や教材，教具の有無，図書室やコンピュータ室など学習環境の状況などを勘案し，単元の指導計画を考えていきます。

　これまで社会科では，様々な授業づくりの工夫が為されてきました。多くの先生方の実践により蓄積されたノウハウを活用することで，授業の幅を広げることができます。授業のねらいを達成するために，生徒の実態に適した学習方法や学習活動を選択することがポイントとなります。そのためには，学習指導法や学習活動，教材などについての情報を蓄積しておく必要があります。いわゆる「引き出しをもつ」ということです。

　学習活動を配列して，学習の過程を組み立てます。生徒が主体的に課題を追究したり解決したりする展開になっているか，学習目標を達成する上で適切な展開になっているかを押さえ，授業づくりを進めていきます。大まかに授業展開ができたら，本時の学習課題と発問を練ります。生徒が理解しやすく，スムーズに授業に取り組めるようになっているか，生徒の思考を揺さぶったり深めたりする発問になっているか検討します。必要に応じ授業展開を修正していきます。授業展開の形ができたら，板書計画を考えます。構造的で生徒の理解を手助けできるよう整理された板書を構想します。

　実践後は，PDCAサイクルを生かして，授業の成果と課題を振り返り，

次の指導に生かしていきます。

2 今, 社会科授業で求められていること

　今，社会科授業で求められていることを押さえ，授業改善を図っていく必要があります。

　中学校社会科は，公民としての資質・能力の基礎を育成することを目指しています。これからの時代は，グローバル化や少子高齢化が進み，科学技術の発達や情報化の進展等による産業構造の変化などますます動きの激しい社会になると考えられます。このような社会の変化に対応し，持続可能な社会の形成に参画するための資質・能力をどのように育成していくか，社会科授業の創意工夫が求められていると考えます。

　社会科の授業では，基礎的・基本的な知識，概念や技能の定着を図るとともに，それを活用して思考力・判断力・表現力等を確実にはぐくむため，課題を追究したり解決したりする学習活動を工夫していくことが求められています。そして，小・中学校の社会科，高等学校の地理歴史科，公民科のつながりを見通し，公民としての資質・能力を養っていきます。

　学び方として，「主体的・対話的で深い学び」の実現がキーワードとなります。これまで社会科授業で取り組んできた作業的・体験的な学習や言語活動の充実に引き続き取り組むとともに，課題を追究したり解決したりする学習活動として，社会的事象から課題を見いだし，他者と協働的に追究し，追究結果を表現するといった学習展開を工夫していくことが求められます。その際，社会的な見方・考え方を働かせるための問いの設定がカギになります。

　言語活動にかかわる学習については，社会的事象の意味や意義，事象の特色や事象間の関連，社会に見られる課題などについて，考察したことや判断したことなどを論理的に説明したり，立場や根拠を明確にして議論したりする学習活動を工夫していきます。また，地図や年表，新聞や読み物，統計その他の資料を積極的に活用して，情報を収集，選択したり表現したりする技

能の育成を図ります。情報の収集では，学校図書館や地域の公共施設の活用，コンピュータや情報通信ネットワークを活用して，生徒の主体的な学習に生かしていくことが求められています。

3 社会科の授業力向上を目指して

社会科の授業がもっとうまくなるための，授業力向上のポイントを，本書では次のように整理してみました。

---

①教授技術に関すること
②授業設計（授業づくり）に関すること
③教科経営に関すること

---

①教授技術に関すること

1時間の授業を展開するうえでの発問や板書，説明や資料提示の仕方，具体的な学習活動の展開の仕方，生徒との接し方など教授技術に関することを取り上げます。本書では，生徒の「主体的・対話的で深い学び」「追究したり解決したりする学習活動」などを踏まえて，資料提示の仕方や発問の工夫，学習活動の展開の仕方，指導と評価の一体化などに着目して考えていきます。

②授業設計（授業づくり）に関すること

教材開発や学習単元づくり，1時間の授業の学習の過程，学習活動の設定など授業づくりに関することを取り上げます。「主体的・対話的で深い学び」「追究したり解決したりする学習活動」など，今，社会科授業で求められていることを踏まえた授業設計のスキルアップを考えていきます。

③教科経営に関すること

指導計画の作成や活用，PDCA サイクルの活用など教科経営に関するこ

とを取り上げます。小・中学校，高等学校を通した資質・能力の育成や中学校社会科の分野間の関連，他教科との連携などに着目して考えます。

　本書の章立ては，次の通りです。
　第1章「生徒が主体的に学ぶ授業がもっとうまくなる8の技」と第2章「言語活動を生かした授業がもっとうまくなる7の技」は，主体的な学び，対話的な学び，深い学びを念頭に置いて構成しました。第3章「ジグソー法を活用した授業がもっとうまくなる5の技」は，第2章の内容の中で，ジグソー法の活用にかかわる内容を掘り下げたものです。第4章「身近な地域の学習がもっとうまくなる10の技」では，身近な地域の観察・調査にかかわることをまとめました。第5章「社会参画の視点を取り入れた授業がもっとうまくなる9の技」では，社会に参画するための資質・能力や態度の育成を意識して，その方策を考えました。第6章「指導計画を活用した授業づくりがもっとうまくなる6の技」では，小学校との接続や教科間の関連など，カリキュラムの活用に着目した授業づくりの工夫について考えました。第7章「評価の仕方と生かし方がもっとうまくなる5の技」では，指導と評価の一体化や評価方法の工夫について考えてみました。授業力向上のポイントの①〜③については，各章の中で適宜述べていきます。

付記
●特にことわりがない場合，「学習指導要領」は平成29年告示中学校学習指導要領を指します。学習指導要領の内容の表記について，紙幅の関係上，大項目，中項目，小項目での表記が混在しています。

●授業展開の例示で，教師の発言をＴ，生徒の発言をＳと示しています。

●図表の番号は，1〜50の各項目ごとにつけています。図表が1つだけの場合は，番号をつけていません。

第1章
生徒が主体的に学ぶ授業がもっとうまくなる8の技

1 生徒の主体性を引き出す 方策を練る

> ### ポイント
>
> 1　学習展開を工夫する
> 2　学習課題を工夫する
> 3　学習を振り返る場面を設定する

1　学習展開を工夫する

　学習指導要領の社会科の目標の中に「課題を追究したり解決したりする活動を通して」と示されました。教師には，生徒が主体的に課題を追究したり解決したりする学習展開の工夫が一層求められています。

　課題を追究したり解決したりする学習の過程は，概ね図1のように捉えられます。なお，本書では大まかに，課題を考察しまとめる学習展開を**「課題追究的な学習」**，判断や意志決定を迫る学習展開を**「課題解決的な学習」**と捉えます。

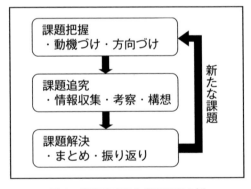

図1　課題追究的な学習過程の例

2　学習課題を工夫する

　生徒の学習意欲を引き出し，追究の動機づけを図るうえで，学習課題の設

定がポイントとなります。学習課題には，**生徒に学習のゴールを示し見通し をもたせる働き**があります。本書では次の点に着目しました。

○生徒の既得知識を揺さぶり知的好奇心を触発する。

○生徒の疑問，問題意識を生かす。

○場面設定を生かし，生徒に切実感や臨場感をもたせる。

○生徒に，自分事として実際の社会との結びつきを意識させる。

課題を追究したり解決したりする学習展開は，1時間の中で工夫すること もありますが，図1の学習過程を押さえた単元構成を工夫することも考えら れます。その際，単元を通して追究する学習課題を**「単元を貫く課題」**とし て設定することで，単元を通した学習の見通しをもたせることができます。

3　学習を振り返る場面を設定する

学習に対する生徒の主体性を引き出すうえで，学習の振り返りが大切にな ります。生徒自らに**「何を学んだのか」「何ができるようになったのか」**と いったことを意識させることで，学習に対する有用感や達成感をもたせたり， 次の学習に対する課題をつかませたりすることが期待できます。例えば，ワー クシートに自己評価欄を設けたり（図2），評価カードを活用したりして， 生徒が自身の学習を振り返り自己評価する場面を設けることが考えられます。 教師は，生徒の自己評価を形成的評価に活用することができます。

自己評価する内容	評価
複数の視点を関連づけて，どのような特色があるか考えられた	4 3 2 1
自分なりに解釈したことを，友だちに説明することができた	4 3 2 1

図2　ワークシートに設けた自己評価欄の例

2 単元の指導計画を工夫して 課題追究的な学習を構成する

ポイント

1 単元を通して課題を追究する
2 第1時の学習展開を通して単元を貫く課題を設定する

1 単元を通して課題を追究する

単元の指導計画を立てる際，教科書のページ構成に基づいて作成することが多いと思います。例えば，歴史的分野「近代の日本と世界」で，欧米における近代社会の成立とアジア諸国の動き，および，開国とその影響を基に学習単元を構成するとします。教科書では，概ね，この順序で項目立てされています（平成28年度用の各社発行の教科書を参照）。

単元構成の工夫として，第1時で，単元の導入でペリーの来航と開国を位置づけ，単元を貫く課題を設定することを考えました（図1）。ペリーについては小学校社会科で学習しており，既習の知識を活用することができます。そして，第1時の授業の最後に，次の「単元を貫く課題」を設定することで，**世界の動きとのかかわりから開国とその影響について，単元を通して課題を追究することを鮮明にし**，生徒の追究意欲を引き出そうと考えました。

単元を貫く課題

どうして，欧米諸国は日本に開国を求めたのか。そして，開国により日本はどのような影響を受けたのか。

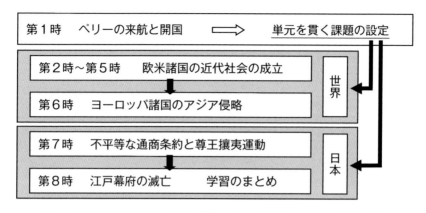

図1　欧米諸国の近代化とアジア進出，日本の開国についての単元構成例

2　第1時の学習展開を通して単元を貫く課題を設定する

　第1時では，ペリー来航から開国に至る動きを理解させることを授業のねらいとするとともに，学習単元の導入として位置づけました。第1時で，次の学習活動を設定して，単元を貫く課題へと結びつけました（図2）。

017

| 1　ペリーが浦賀に来航した様子を，当時の瓦版や狂歌，絵画資料などから読み取る。 | 2　江戸湾岸の防衛の様子を，幕府から警備を命じられた諸藩の動きから捉える。 |
| 3　ペリー来航の目的を国書の内容から読み取るとともに，オランダ国王の親書から世界の動きを捉える。 | 4　開国の要求に応じるか否か，自分なりの判断をして，意見交換する。当時の大名の考えについて教師の説明を聞く。 |

5　日米和親条約の交渉の様子について教師の説明を聞く
　○アメリカ側の主張　　　　　　　　○幕府側の主張

| なぜ，欧米諸国は日本に開国を求めたのだろう？ | → | 単元を貫く課題の設定 | ← | 開国により日本はどんな影響を受けたのだろう？ |

図2　「ペリー来航と日本の開国」の学習活動と単元を貫く課題の設定

3 様々な資料を関連づけて
課題を追究させる

1 生徒の学習意欲を触発する

　生徒の主体性を引き出す手立てとして，「なんだろう」「どうしてだろう」といった疑問をもたせ，生徒の学習意欲を触発する導入の展開，資料提示などに着目しました。例えば，歴史的分野「日本列島における国家形成」で，大和政権による統一について，古墳からの遺物を取り上げ，推理ゲーム的な問答をしながら資料を提示します。資料から読み取ったことを基に推理させることで，生徒の知的好奇心を引き出そうと考えました。資料は，博物館の収蔵品を web 上で紹介している画像を利用しました。

T　この写真の遺物は，古墳から出土しました。どのように使われたものか推理してみましょう。（「鈴杏葉：すずぎょうよう」の写真を掲示）

S　飾りだと思います。

S　よくわかりません。

T　実は，この馬の埴輪にヒントがあります。（埴輪の写真を掲示）

S　馬の後ろの方に，飾りのようなものがついています。

S　馬を飾ることで，自分の力をアピールしたのだと思います。

T　これは「鈴杏葉」と言います。どのような人が使ったのでしょうか？

2　様々な資料を関連づける

　様々な資料を関連づけて課題を追究する学習展開とするために，次の手立てを考えました。

○課題を追究する問いの構造を考える。
○関連づけた考察が図れるよう複数の資料を用意する。
○資料から読み取ったことを関連づけた考察を促す問いかけをする。

　課題を追究する問いの構造を考えることについては，それぞれの学習場面が結びつき，考察が深まるよう学習内容の配列や資料提示の順番などを決め，それに基づいて発問を設定していきます。それぞれの学習場面について，主発問と補助発問，考察を促す問いかけを考えておきます。

　関連づけた考察が図れるよう複数の資料を用意することについては，例えば，大和政権と，その勢力範囲を捉えさせる学習場面で，古墳の分布図と埼玉県にある稲荷山古墳から出土した鉄剣と熊本県にある江田船山古墳から出土した鉄刀に記された文字を資料として提示します。「大王」の文字が共通していることを読み取らせ，古墳の分布と関連づけて，大和政権の存在と，その勢力範囲について考えさせます。さらに，中国の歴史書「宋書倭国伝」から，国をまとめていったことを示す記述を押さえさせます。その際，資料から読み取ったことを関連づけて考察するよう，例えば，次の問いかけをします。**問いかけは，考察する内容と方法が生徒にわかるよう表現を練っておきます。**

T　日本は，どのようにまとまっていったのでしょう？
　　古墳の分布図，鉄剣や鉄刀に記された文字，中国の歴史書から読み取れることを基にして，考えたことを説明しましょう。

4 web 教材を活用して
課題を追究させる

1　公共機関や各種産業団体のweb教材を活用する

　社会科の授業においても，コンピュータや情報通信ネットワークを積極的に活用して，生徒が主体的に調べ，わかろうとする学習に取り組めるようにすることが求められています。これに関連して，**公的機関や各種産業団体などから，学習に活用できる様々な web 教材が提供されています**。本書では，web 教材をインターネット上で提供される教材と捉えることとします。授業のねらいを踏まえ，web 教材を活用して課題を追究する学習活動を設定することができます。

2　web教材を活用して課題を追究する学習展開を工夫する

　例えば，地理的分野「アフリカ州」で，日本放送協会が提供している「NHK for School」にある，次の web 教材を活用しました。
○放送教材「10min. ボックス地理　アフリカ州」
○電子黒板教材「アフリカ州のおもな輸出品」「アフリカ州のおもな資源」
　等
○動画クリップ「ガーナの輸出品」「鉱産資源に頼るアフリカ」

　web教材を利用することが授業の目的にならないよう，**授業のねらいに迫れるようにweb教材を活用して課題を追究する学習展開を工夫することが大切**です。この実践では，次の学習展開を考えました（図）。

> web教材「アフリカ州のおもな資源」「州別の人口とGDPの割合」を一斉授業の形態で提示し，アフリカ州の資源分布と世界に占めるGDPの割合を読み取り，資源が豊かなのにGDPの低いアフリカ州の実態を捉える。

↓

> 学習課題の設定：なぜ，アフリカ州の国々は資源が豊かなのに貧しいのか？

↓

> 放送教材「10min. ボックス地理　アフリカ州」を一斉授業の形態で視聴し，南アフリカ共和国の貧困の原因を捉える。

↓

> web教材「アフリカ州のおもな輸出品」やクリップ動画を活用してグループごとにタブレット端末を使い，分担した課題を調べ，考察結果をまとめる。

↓

> 各グループで調べ，考察した結果を発表し，調査結果を共有する（写真）。

↓

> 学習課題について個人で考察し，その結果を記述でまとめる。

図　「アフリカ州」でweb教材を活用して課題を追究する学習展開例

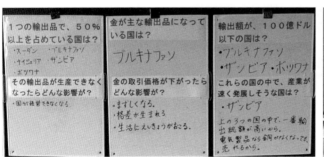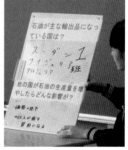

写真　グループで調べ考察した結果のまとめと発表

参考：NHK for School
https://www.nhk.or.jp/school/ （2020年4月10日閲覧）

5 探究する学習活動を展開する

ポイント

1 レポート作成を予告して見通しをもたせる
2 様々な方法を使って生徒の思考を深める
3 高等学校との接続を意識する

1 レポート作成を予告して見通しをもたせる

公民的分野「よりよい社会を目指して」は，中学校社会科のまとめとして設定されています。生徒自らが適切に課題を設定し，探究する学習活動となるようにしていきます。ここでは，生徒が課題について考察，構想したことをレポートにまとめることを想定します。生徒が，主体的にレポート作成に取り組めるよう促す手立てとして，事前に「よりよい社会を目指して」の学習で**レポート作成に取り組むことを予告して，生徒に学習の見通しをもたせる**ことを考えました。

例えば，次のように予告していきます。

○1年生のガイダンスで，3年間の見通しをもたせる中で予告する。
○公民的分野の学習ガイダンスで，社会科学習のまとめとして取り組むことを予告する。その際，ＳＤＧｓについても触れていく。
○「私たちと国際社会の諸課題」の学習の中で，レポート作成についてあらかじめ説明し，自ら主題を設定できるよう具体的に予告する。

2　様々な方法を使って生徒の思考を深める

　生徒の様子を見ていると，レポート作成に当たり，作成の手順がわからず戸惑っている場合があります。まずは，**レポートの形式（柱立て）を示して，レポート作成の見通しをもたせる**のがよいでしょう。

　集めた情報を使って，どのように考察，構想していけばよいのか，**様々な方法を使って思考を深めるための手立てを用意しておきます**。例えば，図のような方法を生徒に提示し，選択させるのはどうでしょう。

　レポート作成の途中で，**中間発表をしたり，意見交換したりするなど，生徒同士の対話の場面を設ける**のも，生徒の思考を深める手立てとなります。

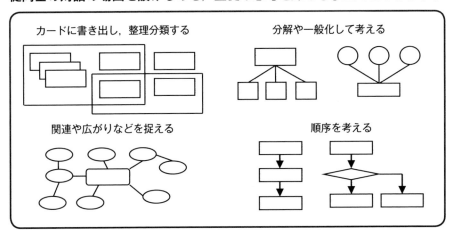

図　様々な考察の仕方の例

3　高等学校との接続を意識する

　持続可能な社会の形成については，高等学校地理歴史科や公民科の学習でも探究していきます。高等学校で新設される**「地理総合」「歴史総合」「公共」との接続**についても意識していく必要があります。

6 教材の使い方を工夫する

> ### ポイント
> 1　授業のねらいを見失わない
> 2　生徒の既得知識を揺さぶる
> 3　教材を生かして学習活動を工夫する

1　授業のねらいを見失わない

　授業で，教科書を読んで教師の説明を聞くことを繰り返しているのでは，生徒の主体性を引き出すのは難しいでしょう。そこで，教材を活用して，生徒の関心を引き出したり，情報を読み取らせ考察を促したりします。具体的な情報を提示した方が，生徒の思考を促し，理解も深まります。

　教材研究に際し，魅力ある教材を探すことも大切ですが，**"教材ありき"の授業になっては本末転倒**です。教材の見せ方や生かし方など，**授業のねらいに迫れるよう使い方を工夫することが大切**です。

2　生徒の既得知識を揺さぶる

　生徒の主体性を引き出す手立てとして，生徒の既得知識を揺さぶる教材の使い方に着目しました。

　例えば，地理的分野「オセアニア州」で，オーストラリアやニュージーランドの国旗を教材として利用します。導入として，イギリス国旗が描かれていることに着目させ，イギリスとの関係が深いことを押さえます。次に，

2016年にニュージーランドで行われた国旗変更の可否を問う国民投票について提示し，**「イギリスとの関係が深い」という既得知識を揺さぶります**（図1）。そして，「どうして」と疑問をもたせ，「アジアとの結びつきが強まっている」地域的特色の追究へとつなげようと考えました。

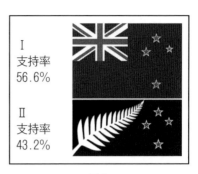

Ⅰ
支持率
56.6%

Ⅱ
支持率
43.2%

図1

3　教材を生かして学習活動を工夫する

　教材を生かした学習活動の工夫を，旅行パンフレットを活用した地理的分野と公民的分野の実践例から紹介します。

　地理的分野「ヨーロッパ州」の導入で，**周遊型のパッケージツアーの旅行パンフレット**を使って，短期間で複数の国を旅行できることに気づかせます。そして，様々な交通手段の利用，国境の通過やユーロ通貨などの情報に着目させ，ヨーロッパの結びつきについて考察していきます。また，観光の内容を分類する作業を行い，その結果を共有し考察することで，ヨーロッパ州の歴史や文化の共通性，自然環境の特色などを捉えさせていきます（図2）。

　公民的分野「市場の働きと経済」の市場経済についての学習で，同じ旅行パンフレットの価格表を使って，需要と供給の関係について捉えさせることができます。価格の変化をグラフにして，変動する理由を考察するといった学習活動の工夫が考えられます。

訪問国　フランス，スイス，ドイツ		
旅行日数　　6　泊　7　日		
観光の内容		
自然	歴史	文化
アルプス ライン川	宮殿 城 街並み	美術館 教会

図2　「ヨーロッパ州」のワークシート

7 身近な地域の事象を 授業に取り入れる

ポイント

1 　身近な地域の事象を教材化する
2 　教材化の手立てを駆使する

1 　身近な地域の事象を教材化する

　身近な地域にかかわる事象や事柄を教材として利用すると，社会科学習に対する生徒の関心が高まります。身近な地域にかかわる事象を教材化し，それを通して課題を追究させることで，生徒の主体性を引き出すことが期待できます。本項では，歴史学習に着目して，身近な地域の事象を授業に取り入れる手立てを考えていきます。その際，単に地域の歴史を紹介するといった取り扱いではなく，**「身近な地域の歴史」の趣旨を踏まえて作業的な学習を設定したり，地域に残る文化財や諸資料を活用して多面的，多角的に考察したりと**いった学習場面を工夫します。

2 　教材化の手立てを駆使する

　授業に組み込むためには，身近な地域の歴史にかかわる事象や事柄を教材化していく必要があります。そのためには，教師自身，**身近な地域の歴史に関する教材研究を進めるとともに，学校の社会科部会の協力体制を整えていくことが大切**になります。

　次に，教材化を図る手立てを3つ紹介します。

①身近な地域の埋蔵文化財を利用する

　「古代までの日本」の旧石器時代から奈良時代を取り上げた学習では，遺跡や遺物を取り上げることが多いと思います。そこで，身近な地域の埋蔵文化財に着目します。例えば，地域の博物館や資料館と連携して実物を教室に持ち込んだり，発掘調査の報告書等の写真を使ったりして，土器や石器などの形状，模様などの特色を観察します。さらに，遺跡の位置を分布図で捉え，地形との関係を考察します。身近な地域の地形については小学校での学習成果が活用できます。生徒に「身近な地域では，いつごろから人々が生活し始めたのか」といった問いを投げかけると，関心が高まるでしょう。

②身近な地域の人物にかかわるエピソードを教材化する

　身近な地域の歴史に登場する人物のエピソードに着目して教材化を試みます。以下に，「中世の日本」で武家政権の成立での教材化の例を示します。鎌倉幕府の成立や将軍と御家人の関係についての学習を踏まえて，当時の武士の考え方について思考し表現する学習活動を考えました。

【説明】源平の争いのころ，この地域の武士であった清久次郎は，平氏に味方したため，
　　　　3人の兄弟とともに捕えられたが，源頼朝は4人を気に入り，罪を許した。

【 問 】次の頼朝の言葉に対して，清久氏は何と答えたと思いますか。
　　　　頼　朝　「頼もしい面構えだ。罪を許す。私に仕えよ」
　　　　清久氏　「＿＿＿＿＿＿＿＿＿＿＿＿＿＿＿＿＿＿＿＿＿＿」

注：市史に記載されていた，鎌倉時代の歴史書「吾妻鑑」の記述を基に作成した。

---

③政治，経済，文化の動きに関連する身近な地域の事象や事柄を教材化する

　例えば，「明治維新と近代国家の形成」で，学制を取り上げる際に，身近な地域の小学校の沿革史を利用して，明治初期に設置された学校の設立年や設置者，設置場所などを表に整理し資料化しました。この資料から，学制の発布に対する身近な地域の動き，影響などについて考察させました。

8 生徒同士のかかわり合いを
授業に組み込む

ポイント

1 生徒同士のかかわり合いを促す方策を練る
2 生徒同士のかかわり合いを促す言葉がけをする
3 生徒同士の相互評価を生かす

1 生徒同士のかかわり合いを促す方策を練る

　生徒同士が，互いに意見を言い合える，安心して発言できる，話を聞いてもらえるといった意識をもつことができれば，意見交換や話し合いがさらに活発化し，より主体的に学習に取り組めます。しかしながら，生徒の実態を見ていると，友だち同士の関係づくりに苦労している様子を感じることがあります。

　そこで，**生徒同士のかかわり合いを積極的に授業に組み込むこと**で，望ましい学習集団づくりを進めるとともに，生徒の主体性を引き出し，他者から学ぶ姿勢を培いたいところです。

　例えば，次のような方策が考えられます。

○作業的な学習などで，生徒同士の教え合いを促す。
○学習成果の発表などを通して，生徒同士の学び合いを促す。
○ペアや小グループで意見交換する場面を通して，学び合いを促す。
○相互評価の場面を設けて，自分の学習状況を捉えさせる。

2　生徒同士のかかわり合いを促す言葉がけをする

　教師は，作業的な学習や話し合い活動などを展開していく中で，生徒同士のかかわり合いを促す言葉がけをする必要があります。生徒同士で作業の仕方がわからないところを教え合ったり，作業の結果を確認し合ったりするよう指示を出したり，意見交換するよう声をかけたりすることで，生徒同士のかかわり合いを促していきます。

> 　資料から読み取った結果を，互いに比べてみましょう。

　机間指導をしていて，資料が適切に読み取れている生徒と不十分な生徒が混在している場合，このような言葉がけによって，生徒同士で教え合うきっかけをつくることができます。読み取り結果に違いがあることに気づかせたうえで，**どのように資料を読み取ったのか，その過程を説明させます。**このようなやり取りを通して，適切な資料の読み取り方を確認させることができます。

> 　Aさん，資料から読み取ったことを説明してください。
> 　Bさんは，説明を聞いて資料から読み取れることをまとめましょう。

　もし，資料の読み取りに取り組むことができない状況で，しかも他の生徒に質問するなどの働きかけができないでいる場合，生徒同士で学び合う場面をつくるよう，上記の言葉がけをしていきます。もちろん，**教師は生徒同士の教え合いを見取り，必要に応じて助言や称賛などをしていく**ことは言うまでもありません。

　中には，多様な視点から資料を読み取っていたり，深く読み取っていたりと，十分満足できる状況が認められる生徒がいます。このような生徒の「よさ」を共有できれば，学び合いをさらに促すとともに，生徒のやる気を高め

ることができます。そこで，教師は，称賛とともに，生徒の読み取った結果を説明させ共有を促す，次の言葉がけをします。

> よく気づいたね。グループの人にも説明してください。
> 皆さん，説明を聞いて，ぜひ情報をつけ足してください。

　教師が賞賛することで，**生徒の「よさ」を認めるとともに，他の生徒に，説明を聞く意味に気づかせ，聞く姿勢を促していきます**。このような言葉がけにより，生徒の教え合う姿勢を培っていきたいところです。

3　生徒同士の相互評価を生かす

　生徒の主体的な学びを促すうえで，生徒自身が学習の取組状況や成果を振り返るとともに，次の学習について課題を認識し動機づけを図っていくことが大切です。そこで，自分の学習状況を捉えさせる手立てとして相互評価の場面を設定します。

　例えば，発表活動の後で，**友だちの発表から学んだことをカードに記述して交換し合い，自分のワークシートに貼っていきます**（写真）。友だちの発

表のよかった点を伝え合わせることで，充実感や自己有用感を味わわせるとともに，相互評価を促し，それを自分の発表に対する振り返り（自己評価）につなげることができます。

写真　コメントを交換し合う

第2章
言語活動を生かした授業がもっとうまくなる7の技

9 言語活動を工夫して 対話的で深い学びを展開する

ポイント

1 対話的な学びと言語活動の充実を図る
2 「PISA型読解力」に着目する
3 深い学びへと展開する視点をもつ

1 対話的な学びと言語活動の充実を図る

平成29年告示の学習指導要領では,「主体的・対話的で深い学び」が,学習指導を改善するポイントとして示されました。対話的な学びとは,生徒同士の協働,教職員や地域の人との対話,先哲の考え方を手がかりに考えることなどを通じ,自己の考えを広げ深める学習方法と捉えられます。**対話的な学びを展開するうえでは,「聞く」「話す」「読む」「書く」といった言語能力が学習の基盤になります。**そして,**対話を通して社会的な見方・考え方を働かせて考えを深め,課題解決を図っていく学習展開の工夫が求められます。**

言語能力の育成については,平成20年告示の学習指導要領において,言語活動の充実が求められています。本書では,これまで取り組んできた言語活動の充実も踏まえて,対話的で深い学びを展開するための工夫について考えていきます。

2 「PISA型読解力」に着目する

PISA型読解力は,「自らの目標を達成し,自らの知識と可能性を発達さ

せ，効果的に社会に参加するために，**書かれたテキストを理解し，利用し，熟考する能力**」です。PISA型読解力を向上させるには，「**テキストを理解・評価しながら読む**」「**テキストに基づいて自分の考えを書く**」「**様々な文章や資料を読んだり，自分の意見を述べたり書いたりする**」の3点がポイントとなります。テキストには，解説や記録など文章で書かれた「**連続型テキスト**」と，データを視覚的に表現した図表や地図などの「**非連続型テキスト**」があります。社会科授業で「対話的で深い学び」を工夫する手立てを検討する際，このようなPISA型読解力の考え方にも着目していきます。

3 深い学びへと展開する視点をもつ

　社会科ではこれまでも，資料から読み取る，記録する，要約する，解釈し説明する，論述する，意見交換や討論をするといった学習活動に取り組んでいます。これらは，下の図に示す「聞く」「話す」「読む」「書く」といった言語活動によって構成されていると捉えられます。本章では，**このような言語活動と，生徒同士の協働，教師との対話などの対話的な学びを組み合わせて，深い学びを展開する手立て**を考えていきます。

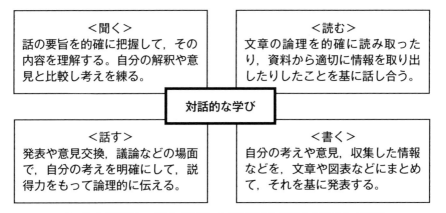

<聞く>
話の要旨を的確に把握して，その内容を理解する。自分の解釈や意見と比較し考えを練る。

<読む>
文章の論理を的確に読み取ったり，資料から適切に情報を取り出したりしたことを基に話し合う。

対話的な学び

<話す>
発表や意見交換，議論などの場面で，自分の考えを明確にして，説得力をもって論理的に伝える。

<書く>
自分の考えや意見，収集した情報などを，文章や図表などにまとめて，それを基に発表する。

図　社会科学習との関連で整理した言語活動と対話的な学びとの関係

10 新聞を利用する

> **ポイント**
> 1 情報の読み取り・解釈や, 要約・説明を組み込む
> 2 情報を交換して共有させる

1 情報の読み取り・解釈や, 要約・説明を組み込む

　新聞は, 社会の動きをつかむ格好の資料と言えます。新聞記事は, 取材で得た根拠に基づいて「いつ」「どこで」「だれ（何）が」「何を」「どのように」「どうした」といったことを押さえて書かれています。新聞を利用して記事から必要な情報を読み取って解釈したり, 要約して説明したりといった言語活動を工夫することができます。

　公民的分野「私たちと国際社会の諸課題」の実践を紹介します。世界平和についての学習で**「現在の国際社会のどこかで, 戦争は起きているのだろうか」**という問いを立て, ここ1か月の新聞の中から戦争や紛争, テロに関する記事を収集しました。収集した記事から, 次ページの表の項目について情報を読み取らせ, 表に記入して整理させました。次に, 出来事が本格的な国家間の戦争であるのか, 地域紛争であるのか, 内戦, テロ, 武力衝突などいずれに当たるのかを, 記事から読み取ったことを根拠に解釈させ, その結果をあわせて記入させました。そして, 出来事が発生した場所を, 解釈した結果を記号にして地図に示し, どこで戦争や紛争などが発生しているのか考察させました。

表　戦争等の発生（2018年12月23日〜2019年1月23日）

情報源（日付）	いつ	どこで	だれ(何)が	何を	解釈
○○新聞（12/30）	2018.12.28	エジプト	不明	爆弾の爆発	テロ
△△新聞（1/22）	2019.1.22	シリア	イスラエル	空爆	紛争

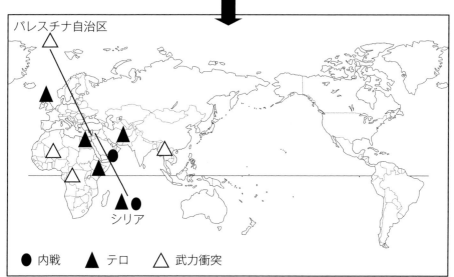

図　戦争等の発生分布（2018年12月23日〜2019年1月23日）

2　情報を交換して共有させる

　上記の事例では，新聞記事から読み取った情報を，情報交換する学習場面を設定して互いの成果を共有させました。**友だちから聞き取った情報は，表に書き加える形で整理させます。**これにより，1時間の授業の中で情報量を確保しつつ，新聞記事の読み取りと解釈，地図化の作業，考察といった課題解決的な学習展開を図ることができました。また，自分の読み取った情報が友だちの役に立つことで有用感をもたせることができました。

11 生徒自身に資料を収集・選択させ，意見交換をさせる

> ### ポイント
> 1 生徒自身に資料を収集，選択させる
> 2 選択した資料について意見交換させる

1 生徒自身に資料を収集，選択させる

　課題解決を図るうえでは，資料を収集，選択して有用な情報を入手することが大切です。生徒にとって，適切な資料を収集，選択する能力を身につけることは，情報があふれる社会を生きるうえで必須と言えます。社会科学習においても，**生徒自身が課題解決を図るために有用な資料を収集，選択する学習場面を意図的に設定した学習展開を工夫する必要があります**。その際，生徒の実態に適した資料の入手が教師の悩みどころとなります。私は，課題を追究したり解決したりする学習を展開する中で，次の手立てを考えました。

○教科書や地図帳，資料集にある資料の中から，課題解決に必要な資料を選択させる。

○教師が，地図や図書，写真パネル，統計資料などを準備して資料コーナーをつくり，その中から課題解決に必要な資料を選択させる。

○インターネットを活用して資料を収集し，課題解決に有用な情報を選択させる。その際，情報検索のためのキーワードを提示する。

2 選択した資料について意見交換させる

選択した資料が，課題解決を図るうえで妥当であったかを確かめるとともに，**自分のもっていない情報を友だちから得ることを目的に，選択した資料の有用性について意見交換する学習場面を設定します。**

次の図は，地理的分野「アフリカ州」で，日本放送協会（NHK）が web 上で提供している「NHK for School」（URL は p21 を参照）のクリップ動画を利用し，調べ学習に取り組んだ事例です。このサイトでは，NHK が作成した 1 〜 2 分程度のクリップ動画が豊富に提供されており，教科，学年，キーワードで検索できるようになっています。実は，「アフリカ」で検索すると「アフリカ系移民」との関連で北アメリカ州の動画も選択され，生徒は，内容の妥当性を判断して選択する必要に迫られます。個人で動画を視聴する時間を15分程度設定し，3 〜 4 本視聴することができました。5 分程度の意見交換の後，5 分程度，再度視聴する時間を設定しました。

アフリカ州の国々が，経済的に自立できていない現状を統計資料から読み取る。「経済的な自立を目指し，どのような取組や国際協力が行われているか」

↓

インターネットで「NHK for School」のサイトから「クリップ」を選択し，「社会」「中高」を選択，「アフリカ」とキーワードを入力する。

↓

動画のタイトルを手がかりに選択する。動画の横に，ナレーションの文章が示されているので，視聴する前に，課題解決に有用な情報であるか判断するための参考にする。有用な情報の題名と内容をワークシートに記録する。

↓

選択した資料の有用性について友だちと意見交換をする。自分のもっていない情報をワークシートに書き込む。意見交換後，有用と判断した動画を視聴する。

図　「NHK for School」のクリップ動画を利用した調べ学習

12 既得知識をウェビングマップに
　　表現させる

ポイント
1　ウェビングマップの特性を捉える
2　教師との対話で生徒の既得知識を引き出す

1　ウェビングマップの特性を捉える

　ウェビングマップは，中心に置いた事項からつながる事項を書き出し，さらに，書き出した事項とつながる別の事項を外側に書き出していき，事項間の関係性を図に表したものです。社会科では，**原因と結果，事象の成立条件，背景など，事象間の結びつきを整理する方法として利用することができます。**

　例えば，次の利用場面が考えられます。

○地理的分野「世界の諸地域」「日本の諸地域」で，中核とする地理的事象と他の事象とを関連づけ，地域的特色をまとめる。

○歴史的分野で，政治や経済，文化などの動きを，原因と結果，理由などを視点に結びつけて，時代の動きや特色をまとめる。

○公民的分野で，取り上げた社会的事象について，原因と結果，問題点と解決策，影響などを視点に結びつけて，社会的事象の特色や抱える問題点などをまとめる。

　次ページの写真は，公民的分野「私たちと国際社会の諸課題」で環境問題について取り上げ，学習した例です。

生徒は，社会科学習の他にも，理科，総合的な学習の時間などで地球環境問題について学習しています。つまり，多くの知識を身につけています。そこで，ウェビングマップを書かせ，改めて地球環境問題について整理させようと考えました。

写真　ウェビングマップの例

2　教師との対話で生徒の既得知識を引き出す

写真に示したウェビングマップでは，「地球温暖化」の上側に原因を，下側に結果や影響を書き出し，さらに関連する事柄を書き足していきました。その際，生徒が書き出していないが知識として身につけていることに着目し，それらの知識を引き出す発問を投げかけて（教師との対話），ウェビングマップをふくらませていきました。例えば，**「海面上昇」「島が沈む」という点に着目して関連する既得知識を引き出すよう，具体的に問いかけました。**

T　日本でも，消失が心配されている島がありますね。どこでしょう？

S　沖ノ鳥島などが水没してしまう心配があります。

T　もし，この島が水没してしまったらどのような問題がありますか？

S　島の周辺にある日本の排他的経済水域を失ってしまいます。

T　国土や経済水域の問題は，オセアニア州の島国でも深刻でしたが，日本にも大きな影響があるのですね。もし，海面上昇が進んだ状態で，大型の台風が来たらどうでしょう？

S　海面上昇が進むと，高潮などの被害がもっと大きくなると思います。

T　自然災害の面でも，大きな影響があるのですね。

13 図や表を活用してまとめ, 考察させる

1 図や表を活用して言語活動を充実させる

　言語活動は，言葉による表現だけではありません。**図や表に表すことも言語活動**です。図や表を活用することで，比較しやすくなったり，関係性がつかみやすくなったりします。そこで，本項では，図や表を活用して言語活動を充実させることに着目します。

2 図の形式を活用してまとめさせる

　図の形式を活用することで，事象の関係性や変化などを容易に視覚化することができます。

　図1は，地理的分野「オセアニア州」で，オーストラリアが白豪主義から多文化共生社会に変化した動きを，教科書の記述からまとめたものです。教科書の記述は説明的です。その内容を読み取り，**トゥールミン図式に当てはめて整理することで，オーストラリアの変化を視覚化できます**。さらに，図を使って説明する学習場面を加えて，対話的で深い学びにしていきます。

```
┌──────────────────────────┐        ┌──────────────────────────┐
│ <1970年代までのオーストラリア>│        │ <現在のオーストラリア>      │
│ ○白豪主義                 │   →    │ ○多文化社会を目指す        │
│ ○イギリスの植民地だった      │        │ ○アジア系移民の増加        │
│ ○ヨーロッパ中心に貿易       │        │ ○アジア諸国との関係が強まる  │
└──────────────────────────┘        └──────────────────────────┘
              ↑
┌──────────────────────────────────────────────────────────┐
│ <変化した理由>                                            │
│ ○イギリスが1973年ＥＣに加盟し、ヨーロッパとの結びつきを強めた      │
│ ○アジア諸国の経済力が高まった。距離的に近いアジア諸国を重視した     │
└──────────────────────────────────────────────────────────┘
```

図1　トゥールミン図式を活用したまとめの例

図2は，公民的分野「私たちが生きる現代社会と文化の特色」で，グローバル化と情報化にかかわる事象を付箋紙に書き出し，ベン図を使ってまとめた例です。ベン図は，事象を

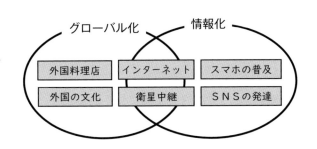

図2　ベン図を利用して整理した例

分類，整理して考察するのに便利なツールです。

041

3　表に整理して特色を比較させる

右の表は，公民的分野「市場の働きと経済」で，**雇用と労働条件について，年功序列型賃金と成果主義型賃金の特色をまとめたもの**です。対話的で深い学びとして，労働者，経営者の立場から，どちらを選ぶか選択し，意見交換するといった学習活動が設定できます。

年功序列型	成果主義型
勤務年数に比例して賃金が上がる。	成果に応じて賃金が上がる。
長期間勤める人が多い。安心して仕事ができる。	若くても高収入が期待できる。
挑戦する雰囲気が弱い。	競争が激しい。
	人材確保が難しい。

14 教師との対話を基に
課題を追究させる

> **ポイント**
> 1 構造的な発問を工夫する
> 2 発問を組み立て，課題を追究する流れをつくる

1 構造的な発問を工夫する

　教師との対話を基に課題を追究させる場合，**主発問と補助発問を関連づけて組み合わせ，構造的な発問にしていく**ことで，生徒に思考の筋道を示しながら理解を促していくことができます。主発問は，課題追究に迫るために生徒の思考を引き出したり揺さぶったりする発問です。補助発問は，主発問を補う役割があります。考察の材料となる知識を押さえたり，前提となる条件を確認したりします。

　例えば，歴史的分野「古代までの日本」で，単元の導入として，律令国家の形成過程を小学校での学習内容を活用して大観する学習展開を，教師との対話を基に考えました。

T　大和政権が成立した後，日本では，どのように　　　|　初発の発問で，課題を
　　国づくりが進んでいったのでしょうか？　　　　　　|　押さえる。

T　この時期の国づくりに活躍した人物は，だれが　　　|　補助発問で，小学校の
　　いましたか？　小学校で学習した人物を覚えて　　　|　学習成果を引き出す。
　　いますか？

S　聖徳太子です。法隆寺を建立し，小野妹子らを

遣隋使として中国に派遣しました。

S　中大兄皇子や中臣鎌足らが蘇我氏を倒しました。

S　聖武天皇の発案で東大寺の大仏が造られました。

T　聖徳太子や，中大兄皇子，聖武天皇たちは，どの
　　ように国づくりを進めていたのでしょうか？

> 主発問で，小学校での既得知識を基に律令国家形成の動きを押さえ，単元を貫く課題の設定につなげる。

S　天皇を中心にして，中国との交流を図りながら国
　　づくりを進めました。

T　天皇を中心とした国づくりの動きを，時代の特色や変化，外国との関係
　　や人々の生活や文化などへの影響などから追究していきましょう。

2　発問を組み立て，課題を追究する流れをつくる

　教師との対話では，発問や説明，指示，質問に対する応答などを組み合わせて生徒へ働きかけ，思考を促し理解へと導いたり，判断や意思決定を迫ったりしていきます。**発問を組み立てて課題を追究する流れをつくると，スムーズな学習展開になります。**

　例えば，公民的分野「市場の働きと経済」の企業などを支える金融についての学習で，次のように発問を組み立て展開します。

T　企業に必要な資金を，どのように準備すればよい
　　のでしょうか？

> 追究する課題を投げかける。

S　銀行から借りたり，株式で集めたりします。

T　銀行から借りる方法や株式で集める方法は，それ
　　ぞれどのような仕組みや特色があるのでしょう？

> 調べることを示して追究を促す。

T　あなたなら，どちらの方法を利用しますか？

> 選択を迫る場面設定をする。

15 社会科らしい
表現活動を工夫する

ポイント

1　社会科らしい表現方法を活用させる
2　イラストマップでまとめさせる
3　模擬裁判の判決を考えさせる

1　社会科らしい表現方法を活用させる

　社会科では，資料を読み取り，まとめる技能を身につける学習を重視しています。**作業的な学習を充実させるうえでも，表現活動の設定を工夫したい**ところです。本書では，社会科らしい表現方法として，次の点に着目しました。

○空間的な位置や分布などを，地図を使って表現する。
○時代の特色や時間的な変化などを，年表を使って表現する。
○社会的事象の構造や関連などを，図を使って表現する。
○根拠となる資料と結びつけて，論述したり発表したりする。

　本項では，学習のまとめとして位置づけた表現活動を2つ紹介します。

2　イラストマップでまとめさせる

　地理的分野「東北地方」で，生活・文化を中核として追究した学習のまと

めとして，学習で取り上げた事象をイラストマップでまとめ，地域的特色について説明する表現活動を設定しました。

　イラストマップの作成については，学習のまとめであることを考慮して，地図にかく内容を，次のように整理して選択しました。

①中核とした生活・文化に関する内容から選択する。例えば，祭りや年中行事，伝統工芸など。

②関連づけたそれぞれの事象に関する内容から選択する。例えば，交通について新幹線や，空港，自然環境について山脈や平野など。

　イラストマップをかく手順として，**それぞれの事象について作成した地図を重ねるような感覚で進めていきます。**まず，生活・文化に関する主な事象を白地図の周囲にかき，位置を線で示します。次に，自然環境に関する事象を白地図にかき入れます。その際，色鉛筆で着色するときれいに仕上がります。そして，交通や産業などの事象をかき加えました（図1）。なお，それぞれの地図の情報を重ね合わせる見方は，ＧＩＳ（地理情報システム）につながっていきます。

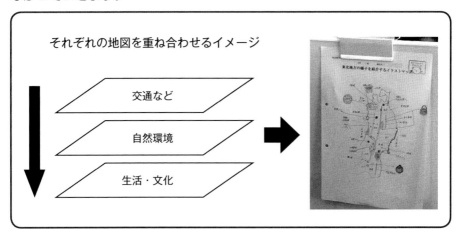

図1　学習のまとめとしてイラストマップを作成するイメージ

　イラストマップを使った発表は小グループで行い，事象間を関連づけて捉えた地域的特色について，発表原稿をつくって説明します。

3 模擬裁判の判決を考えさせる

　公民的分野「民主政治と政治参加」で，法に基づく公正な裁判の保障に関する学習のまとめとして，模擬裁判を行いました。その判決を考え，判決文にまとめる学習活動を設定しました。模擬裁判の中で示された証拠や証言，刑法の内容，過去の判例などを踏まえて判決を考える学習経験は，**裁判員制度などへの参加を見据えると意義がある**と考えました。

　模擬裁判は，実際の裁判の手順に即して作成したシナリオ（台本）を基に，裁判官，被告人，弁護人，検察官，証人などの役を演じるロールプレイングです。この実践での模擬裁判の概要は次の通りです。

○事件の概略は，被告人が酒店から洋酒をだまし取り，それを友人に売りつけたとして，詐欺の容疑で逮捕，起訴された。被告人は罪状を認めて，弁護人は情状酌量を求めている。

○模擬裁判は，第一審の開廷，人定質問，論告求刑，最終弁論まで行い判決の言い渡しの期日を決めるところまでを行う。

　判決を考えるに当たっては，模擬裁判の中で出てきた検察官の求刑，証拠や証言などを踏まえるとともに，司法権の独立や法に基づく裁判などを押さえるよう助言しました。

主文

被告人を（有罪・無罪）とする

（有罪の場合）懲役　　　　年　　　　月に処する

（執行猶予とする場合）

この裁判確定の日から＿＿＿年間その刑の執行を猶予する

理由

_____

図2　判決文を記入するワークシート例

第3章
ジグソー法を活用した授業がもっとうまくなる5の技

16 ジグソー法を活用して
学習活動を工夫する

ポイント

1 学習者の主体性を引き出す
2 ジグソー法を取り入れるねらいを明確にする
3 クロストークで生徒の思考を深める

1 学習者の主体性を引き出す

　ジグソー法は，アメリカのアロンソンが1971年に考案したもので，**協調学習により学習者の主体性を引き出し，自尊感情やコミュニケーション能力を高めるなどの効果が期待できる学習方法**です。本章では，社会科学習において，主体的・対話的な深い学びを実現するための方策として，ジグソー法を活用した学習活動の工夫について考えていくこととします。

学習課題の設定 → 課題解決の予想 → グループ内で調査項目の分担

エキスパート活動：同じ項目を分担した者が集まり，協力して課題追究する

ジグソー活動：元のグループに戻り，分担して追究したことを互いに教え合う

クロストーク：教え合った情報を基にグループ内で話し合い課題解決を図る

個人で，学習を振り返り学習課題についてまとめる

図1　ジグソー法の学習過程

　本書では，ジグソー法の学習過程を図1の展開で捉えることとします。グループ内で調査項目を分担して学習を進め（エキスパート活動），各自の学習成果をグループ内に持ち寄り互いに教え合い共有していきます（ジグソー活動）。生徒には，分担した課題について友だちに教える責任と，他の課題に対して友だちの説明を聞いて情報を得る必要性が生じます。つまり，ジグソー法の学習過程は，**生徒の主体性を引き出し，協働的な学習を促す「しかけ」**となっているのです。この点に着目し，ジグソー法の学習過程を活用して，社会科学習を工夫していこうと考えました。なお，本書では，ジグソー法を取り入れた学習を，「ジグソー学習」と呼ぶこととします。

2　ジグソー法を取り入れるねらいを明確にする

　ジグソー法を取り入れた授業実践で，「ジグソー法に取り組むことがねらいになっていないか」という指摘を耳にすることがあります。社会科としての授業のねらいが明確になっていないというのです。**ジグソー法は「目的」ではなく「手段」であることを意識し，社会科学習にジグソー法を取り入れるねらいを明確にして，授業を設計していくことが大切**です。

　社会科では，複数の事象を比較して共通性や特殊性を見いだしたり，関連づけて事象の成り立ちを捉えたりするなど，多面的・多角的に思考していくことが求められます。この点で，ジグソー法は，個別の事象を組み合わせて，総合的に事象の特色を捉えさせたり（図2－①），事象間の関連を動態的に考察させたりする（図2－②）のに有効な方法と思われます。

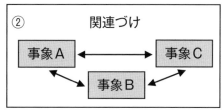

図2　社会科学習でジグソー法を活用して事象を捉えさせるイメージ

例えば，歴史的分野の「近代文化の形成」の学習で，ジグソー法を用いて図3のように展開します。社会科の授業は，教師が一方的に説明し，生徒は受け身的に説明を聞き知識を覚えていくイメージがまだまだ強いように感じます。私は，教師が説明する学習場面は必要だと考えます。一方，生徒自身が説明することで，理解が深まるとも感じます。そこで，ジグソー法を活用して，説明し合う学習活動を展開することにしました。そして，個別の事象を比較して共通性を見いだし，総合化して特色を捉えさせ，授業のねらいに迫ろうと考えました。

学習課題の設定：「日本は，どのように近代的な科学や文化を発展させたのか」

↓

エキスパート活動：同じ人物を分担した者が集まり，協力して課題追究する

↓

ジグソー活動：元のグループに戻り，分担して追究したことを互いに教え合う

↓

クロストーク：教え合った情報を基にグループ内で話し合い課題解決を図る

↓

グループで話し合ったことを発表し，全体でまとめる。

図3　ジグソー法を活用した「近代文化の形成」の学習展開

　ジグソー学習は，教師が説明して授業を進める展開に比べると，時間がかかります。特に，**1時間の授業で収める場合，タイムマネジメントが肝要**です。授業設計の段階で，時間を調節するために，次のことを検討しておく必要があります。

> ○取り上げる人物数　→ジグソー活動での説明に必要な時間が変わる
> ○エキスパート活動　→活動内容により必要な時間が変わる
> ○資料の内容や量　→量や難易度により作業に必要な時間が変わる

3　クロストークで生徒の思考を深める

　「近代文化の形成」では，伝統的な文化の上に欧米文化を受容して形成されたことや，国際的な業績が生まれ，その進歩が著しかったことに気づくことができるようにする必要があります。そこで，思考を深める学習場面として，**クロストークで取り上げた人物の比較を通して，共通点や特色となる事柄を捉えさせようと考えました**（図4）。

　なお，今回の事例では，資料として図書室の学習百科事典や取り上げた人物の伝記などを使いました。**学校図書館の活用についても配慮していくことが大切**です。

○エキスパート活動

| 夏目漱石 | 黒田清輝 | 滝廉太郎 | 岡倉天心 | 野口英世 |

○ジグソー活動

人物名	分野	どのように学んだのか	主な業績・功績
滝廉太郎	音楽	ドイツに留学	洋楽による作曲　「花」
黒田清輝	美術	フランスに留学	洋画を指導　大学で教える

○クロストーク

○多くの人物が欧米諸国に留学し活躍。帰国後，大学で教えている。
○日本の文化を海外に伝えたり，世界的な活躍をしたりした。
○現代の科学や文化にも大きな影響を与えている。

図4　歴史的分野「近代文化の形成」での学習展開例

17 ジグソー法を活用して，多面的・多角的に捉えさせる

ポイント

1 事象を多面的・多角的に捉えさせる
2 事象や事柄を関連づけて捉えさせる

1 事象を多面的・多角的に捉えさせる

社会科では，**社会的な事象の特色や成り立ちなどを，一面的に捉えるのではなく，多面的・多角的に考察して捉えていくことが大切**です。例えば，地理的分野「日本の諸地域」の学習では，**「どうしてそのような特色が見られるのか」**と問いを立て，中核とする事象と他の事象を関連づけて，地域的特色を追究していきます。そこで，ジグソー法を活用して，事象を多面的・多角的に捉えさせる学習活動の工夫を図1のように考えました。

学習課題の設定：「東北地方は交通の発達によりどのような変化が見られたか」

↓

エキスパート活動：同じ事象を分担した者が集まり，協力して課題追究する

↓

ジグソー活動：元のグループに戻り，分担して追究したことを互いに教え合う

↓

クロストーク：各事象を関連づけて気づいたことを話し合い，課題解決を図る

↓

個人で，学習課題について考察したことをまとめる

図1 ジグソー法を活用した「日本の諸地域」の学習展開例

2　事象や事柄を関連づけて捉えさせる

　ジグソー法は，学習内容をいくつかの「部品」に分けて，グループ内で分担して学習を進めていきます。そして，「部品」を組み合わせることで学習内容の全体像が見えてきます。このようなジグソー法の「しかけ」を利用して，**関連づける地理的事象を「部品」として教材化し，クロストークで各事象や事柄を関連づける形で，多面的・多角的に考察し，地域的特色を捉えていきます。**図2は，授業のイメージを示しています。

○エキスパート活動

Ⅰ：冬は積雪のため農業ができず，江戸時代から出稼ぎが行われていた

Ⅱ：東北地方は，空港や高速道路，新幹線などの交通が整備された

Ⅲ：東北地方の各県は，工業団地の建設を進め，工場の誘致に力を入れた

○ジグソー活動

Ⅰ　（自然環境や歴史的背景） 　　農林水産業中心 　　積雪→都会に出稼ぎ	Ⅲ　（産業） 　　高速道路のIC，空港そば 　　工業団地の建設→工業が発達
Ⅱ　（交通）港，高速道路，新幹線，空港の整備が進む	

○クロストーク

○東北地方は，かつて農林水産業が産業の中心であったが，交通が発達し工場が進出した。 ○交通の発達で特に首都圏との結びつきを強めた。

図2　地理的分野「東北地方」の学習展開例

18 ジグソー法を活用して
技能の習得を図る

ポイント

1 技能習得のためにジグソー法を活用する
2 単元の指導計画を工夫する

1 技能習得のためにジグソー法を活用する

　ジグソー法では，エキスパート活動で利用する情報を，文章や地図や図表，写真など様々な資料の形で提示することができます。この点に着目し，**情報の提示にあわせて，資料活用技能の育成をねらい，ジグソー法を活用して学習活動を工夫する**ことができます。

　例えば，地理的分野の「世界各地の人々の生活と環境」の学習で，自然環境や人々の生活の様子についての情報を，分担する項目ごとに，グラフ，文章，写真といった異なる資料で用意します。そして，エキスパート活動では，資料から必要な情報を読み取る作業を位置づけ，資料活用の技能を育成する学習場面とするのです。

分担する項目	自然環境の様子	食生活の様子	人々の生活の様子
用意する資料	雨温図 気候区分図	主題図 文章資料	写真 写真の解説文

表　エキスパート活動で分担する項目と活用する資料例

2　単元の指導計画を工夫する

　技能を身につけるためには，繰り返し技能を活用して習熟を図っていく必要があります。そこで，次の単元の指導計画の工夫を考えました。

　まず第2時で，この単元で習得を図る技能について，一斉学習の形で取り上げます。資料の見方や読み取った情報のまとめ方を説明し，次時以降の調べ方のモデルを示し，学習の見通しをもたせます。第3時から第5時まででジグソー学習を位置づけます。この単元で身につけさせたい技能を1時間で1つ，3時間を通してひと通り扱っていきます。技能の定着が十分でない生徒にとって，ジグソー学習を通して1つの項目に集中して取り組むことができ，他の項目を友だちから教えてもらうことができるので，**調べ学習の負担感を軽減することができます。**そして，第6時で，これまで習得してきた技能を活用する場面として，個人で課題を追究する学習活動を設定し，技能の習熟を図っていきます。

055

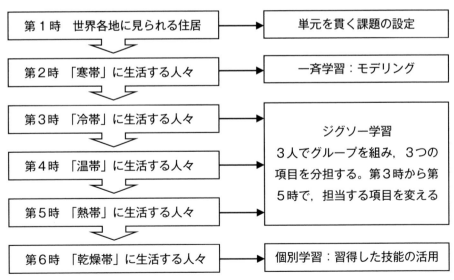

図　「世界各地の人々の生活と環境」の指導計画例

19 課題解決に必要な "ピース" を準備する

ポイント

1 エキスパート活動を適切に設定するための手順を踏む
2 エキスパート活動で取り上げる内容を設定する
3 エキスパート活動を展開するための問いを立てる
4 エキスパート活動を支える工夫をする

1 エキスパート活動を適切に設定するための手順を踏む

　ジグソー法では，エキスパート活動で手に入れた "ピース" の情報を，ジグソー活動で持ち寄り，それを組み合わせることで，課題解決を図っていきます。ここで，どのような "ピース" を準備すれば授業のねらいに迫ることができるのかが悩みどころになります。

　そこで，エキスパート活動を適切に設定するための手順を，概ね次のように整理しました。

①生徒に理解させたい事象の特色や関連などを具体的に設定する。
②事象の特色や関連などを構成している要素を分析的に捉える。
③捉えた要素を基にエキスパート活動で取り上げる内容を設定する。
④エキスパート活動を展開するための問いを立てる。

　例えば，地理的分野で，北アメリカ州の農業を取り上げた場合，生徒に理解させたい内容を次の通り設定したとします。

> 　北アメリカ州のアメリカ合衆国やカナダでは，<u>広大な国土を利用し大規模で企業的な農業生産</u>が行われ，<u>世界的な食糧供給地</u>になっている。

　この場合，「世界的な食糧供給地」は，「広大な国土を利用」や「大規模で企業的な農業生産」といった要素との関連で成り立っていると捉えられます。事象の特色や関連などを構成している要素を，**概念的知識と，概念的知識を支える説明的知識に着目して分析的に捉えました**（図1）。

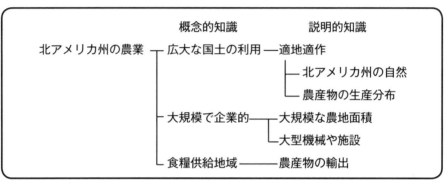

図1　「北アメリカ州の農業」の知識構成

2　エキスパート活動で取り上げる内容を設定する

　次に，エキスパート活動で取り上げる内容を設定していきます。ここで大切なのは，**クロストークの場面で "ピース" を組み合わせるための鍵となる情報を，それぞれの "ピース" の中に用意しておくこと**です。

　例えば，先に示した北アメリカ州の農業の特色について捉えさせたい場合，エキスパート活動において，「広大な国土の利用」について追究させる資料として「主な農産物の生産分布（主題図）」「等温線と等雨量線（主題図）」を提示し，また，一般図から平野，平原，山脈など地形との関連を読み取らせ，地域の自然的条件に適した農作物を，広大な土地を生かして集中的に生

057

産している様子をつかませます。一方，「大規模で企業的な農業生産」については，「一農家当たりの農地面積」「機械化率」などの資料から，大型機械を利用した企業的な農業経営の特色を捉えさせます。クロストークでは，ジグソー活動で共有した「集中的に生産」「大規模で企業的」といった情報に着目させ，それらを，「世界的な食糧輸出国」という特色と関連づけて，世界的な食糧供給地としての特色を考察させていきます。この場合，関連づけて考察する作業が「ピースを組み合わせる」ということになります。

3 エキスパート活動を展開するための問いを立てる

　エキスパート活動で分担する"ピース"を生徒に示すとき，単に「○○，△△，□□を分担して調べよう」と指示の形で示すことがあります。しかし，ここでは，**エキスパート活動を展開するための問いを立て**，生徒の追究意欲**を引き出す工夫**を考えました。

　例えば，前項で取り上げた地理的分野「北アメリカ州」の導入場面で，日本が輸入しているアメリカの農産物を捉えた後，次の問いと指示を発して，"ピース"を各テーマの問いの形で示します（図2）。

> アメリカは，これらの農産物を「どこで」「どのように」「どれくらい」生産しているのでしょうか。3つのテーマを分担して調べましょう。

> ○どこで，どのような農産物が生産されているのだろう？
> ○どのように，農産物を生産しているのだろう？
> ○どれくらい農産物を生産し，輸出しているのだろう？

図2 「アメリカの農業」を追究する各テーマの問い

4　エキスパート活動を支える工夫をする

①エキスパート資料を準備する

　エキスパート活動の時間を短縮したい場合，**必要な資料をカードにまとめ，エキスパート資料として渡すと効率的**です。ジグソー活動の際に持ち寄り，提示しながら説明することができます（写真1）。

写真1

②ワークシートの工夫

　エキスパート活動で，情報を要領よくまとめ，ジグソー活動で説明するのは，生徒にとって案外難しいことと言えます。そこで，収集した情報を簡潔にまとめる"枠"として，ワークシートを工夫します。

　写真2は，表形式のワークシートです。表の項

写真2

059

目に沿ってまとめさせました。ジグソー活動の際，表を示しながら発表します。図3は，説明原稿の形式でワークシートを作成し，その一部を空欄にしたものです。資料から読み取ったり考察したりしたことをまとめ，**ジグソー活動の際，発表原稿として利用します**。

気候の特色	気温と降水量のグラフを見ると，ナンディーの平均気温は，おおむね（　　　　　）℃から（　　　　　　）℃の間になっていて，東京と比べて気温の変化が（　　　　　　　　　　　　　　）。 気温に着目すると，ナンディーは一年を通して（　　　　　　　　　　　）。 そして，日本のような季節の変化は（　　　　　　　　　　）。 ナンディーの降水量は，東京と比べ（　　　　　　　　　）。

図3　発表原稿形式のワークシート例

20 "ピース"を組み合わせる
「問い」を工夫し，思考を深める

> ### ポイント
> 1 "ピース"を組み合わせる「問い」で全体像に迫る
> 2 思考を深める「問い」で生徒を揺さぶる
> 3 話し合ったことを個人でまとめさせる

1 "ピース"を組み合わせる「問い」で全体像に迫る

　ジグソー法を取り入れた授業で，生徒は自分の分担した課題を調べ，友だちに説明します。ところが，授業の成果を振り返ってみると，個別の知識は捉えているけれど，それらを関連づけて理解していないと思われることがあります。つまり，生徒は一生懸命説明し，聞いているのに，思考は深まっていないという状態です。

　ジグソー法で課題解決を図るうえでは，持ち寄った部品（ピース）を組み合わせて，全体像をどのようにつかませるかがポイントになります。その"ピース"を組み合わせ全体像に迫る学習場面が「クロストーク」です。そして，**全体像に迫るため"ピース"を組み合わせる「問い」を工夫することがカギ**になります。

　例えば，地理的分野「北アメリカ州」の学習で，アメリカ合衆国を北東部，南東部などと形式的に区分し，それぞれの地域の農業について分担して調べたとします。この場合，クロストークで，「各地域の農業には，どのような共通点があるのだろう」と発問すれば，適地適作や大規模な農業経営といったアメリカ合衆国の特色を捉えさせるとともに，各地域の地域的特殊性につ

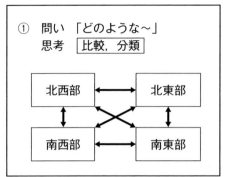 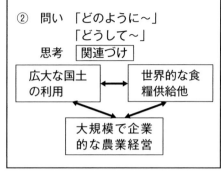

図　クロストークの「問い」のイメージ

いても捉えさせることができます（図-①）。また，「広大な国土の利用」「大規模で企業的な農業経営」「世界的な食糧供給地」といった事象に着目して調べた場合，クロストークではそれぞれの情報を関連づけて思考させることが考えられます。この場合，**「アメリカ合衆国やカナダは，どのようにして世界有数の食糧供給地に発展したのか」と動態的に捉えさせる問いを工夫する**ことで，それぞれの事象を結びつける考え方を働かせることができます（図-②）。

　このように，クロストークでは，エキスパート活動で設定した課題を踏まえ，生徒の思考を深め，課題解決に迫る「問い」を検討する必要があります。

2　思考を深める「問い」で生徒を揺さぶる

　クロストークを活性化させて生徒の思考を深める方策として，**ジグソー活動で共有したピース（情報）を活用して考えさせる「問い」を用意し，生徒の思考を揺さぶるのも有効**です。例えば，先にアジア州を学習していて中国の農業の特色を取り上げていたとします。この場合，その学習経験を踏まえて次の「問い」を投げかけます。

> 中国と比べて，アメリカの農業はどのような特色があるのだろう。

　この「問い」は，他の地域と比較させることでアメリカの農業の特色を捉えさせることを意図しています。生徒は，既習の知識と新しく獲得した知識の両方を活用して「問い」について思考を巡らすことになります。比較させることで共通性や地域的特殊性に着目させ，社会事象の地理的な見方・考え方を培っていきます。

　また，地球的課題や私たちの生活への影響などに着目して「問い」を設定することが考えられます。

> 　アメリカの農業の動向は，私たちの生活にどのような影響を及ぼすのだろう。

　生徒自身とのつながり，この場合は私たちの生活に対する影響について問うことで生徒を揺さぶり，取り上げた社会事象に対する関心を高めることができると考えました。世界の食糧庫となっているアメリカの農業の特色を押さえ，食糧供給に大きな影響力をもっていることや食の安全性などに着目して考えさせていきます。

3　話し合ったことを個人でまとめさせる

　最後に，ジグソー活動で捉えたことやクロストークで話し合ったことなどを基に，個人でまとめさせる学習場面を設定します。学習課題について個人でまとめ，それを表現する学習活動を通して，生徒一人ひとりの理解を深めることを意図しました。また，表現させることで，生徒の思考を可視化することができ，**教師が生徒個々の思考の深まり具合をチェックするための評価場面を設定できます。**

第4章
身近な地域
の学習が
もっと
うまくなる10の技

21 様々な方法で
地域調査を展開する

ポイント

1 地域学習の位置づけを確かめる
2 適切な調査方法を選択する

1 地域学習の位置づけを確かめる

　地理的分野では，これまで「身近な地域」「身近な地域の調査」として地域学習が位置づけられていました。**平成29年告示の学習指導要領では，「地域調査の手法」と「地域の在り方」の2つの中項目に分けて位置づけられています。**「地域調査の手法」では，観察や野外調査，文献調査を行う際の視点や方法，地理的なまとめ方を理解することや，地形図や主題図の読図，地図の作成などの地理的技能を身につけること，調査の手法や調査結果の考察，表現を通して思考力や判断力，表現力等をはぐくんでいくことがねらいとなります。「地域の在り方」では，地域の実態や課題解決のための取組を理解することや，地域の在り方について多面的・多角的に考察，構想し，表現する学習活動を通して，思考力や判断力，表現力等を育んでいくことがねらいとなります。本章では，主に「地域調査の手法」にかかわる内容を取り上げます。

　歴史的分野では，地域の歴史について，地域に残る文化財や諸資料を使って調べ，年表などにまとめることを学習内容とする「身近な地域の歴史」が位置づけられています。「身近な地域の歴史」は，身近な地域の歴史的な特徴を，その時代の学習とかかわらせながら取り扱っていきます。

2　適切な調査方法を選択する

　「地域調査の手法」や「身近な地域の歴史」の学習では，実際に観察や調査を学習計画に位置づけたり，資料や地図などを活用した作業的な学習を工夫したりして，技能や思考力，表現力などを育成していくことが求められます。下の表は，地域調査の方法例です。実際には，**調査課題，入手できる地域の資料，生徒の実態などを勘案して，様々な調査方法から調査課題を追究するために適切な方法を選択して指導計画を立てる**こととなります。

観察・野外調査	文献調査
・地図と景観の対応関係を観察する。 ・文献資料から読み取ったことを観察して確認する。 ・調査項目を立て，観察して状況を捉える。 ・スケッチや写真撮影して記録する。 ・調査項目を考えインタビューや質問紙調査を行う。 ・野外観察をして気づいたことを分類し特色を見いだす。 ・数える，位置や分布を調べるなどの野外調査を行い，情報を集め，その位置を地図に示したり，表に整理したりする。 ・博物館や資料館などを見学して情報を集める。	・大縮尺の地図から土地利用や分布などの情報を読み取る。 ・地図と航空写真を関連づけて，景観の特色を読み取る。 ・年代の異なる地図を比較し，変化を読み取る。 ・分布図や統計地図，ハザードマップなどの主題図から情報を読み取る。 ・写真や動画から景観の特徴を読み取り地理的事象を見いだす。 ・グラフや統計表を読み取り，全体の中で占める割合の大きさや順位，傾向性や共通性，地域的特色などを読み取る。 ・異なる年代のグラフや統計数値を比較して変化や推移を読み取る。 ・グラフや表と文章を結びつけて読み取る。 ・郷土史，年表などから地域の変化，歴史的事象などを読み取る。 ・郷土事典や書籍，新聞記事，パンフレットやリーフレットなどの文献資料から情報を読み取る。

22 「場所」にかかわる問いから 観察へつなげる

ポイント

1 「場所」にかかわる問いで課題意識をもたせる
2 地図と見比べながら景観を観察させる
3 方位と距離をつかませる
4 地名で位置を押さえさせる

1 「場所」にかかわる問いで課題意識をもたせる

「地域調査の手法」では，野外観察や野外調査を確実に実施する必要があります。そして，観察や野外調査，文献調査を実際に行う中で，調査の視点や方法を理解することがねらいの1つとなっています。しかし，これまでの「身近な地域」の学習では，観察や野外調査を行わず，教室内で地形図や統計資料を活用しての作業的な学習に止まってしまう学校が多かったのが実態であると思われます。そこで，**「場所」にかかわる問いを投げかけ，課題意識をもたせて観察や野外調査へとつなげていく学習展開**を考えました。「場所」にかかわる問いとは，**「どのような場所なのか」といった見方から，その場所の自然環境や人々の生活の営みなどを捉え，地域的特色を追究していくことをねらいに設定した問い**を指します。

2 地図と見比べながら景観を観察させる

景観を観察する方法として，教室や校舎の屋上などからの観察，校外を歩

いての野外観察が考えられます。例えば，次の「場所」にかかわる問いから，観察につなげていきます。

> 学校周辺は，どのような土地利用が見られるのだろう。

　屋上からの観察は，高所から景観を俯瞰でき，四方を見渡せるといった利点があります。地域を面的に捉えて，土地利用の特色や広がり，距離，位置関係，分布などを概観させることができます。ここで，**地図と見比べながら景観を観察し，位置関係や分布などを捉えさせていきます**。ただし，実際の景観と地図を一致させることに苦手意識がある生徒は少なくありません。また，距離感をつかむのが案外難しいです。

　そこで，次のことを支援の手立てとしました。

> ○方位が合うように地図を持たせ，景観を観察させる。
> ○目印となる場所（ランドマーク）の位置を地図上で押さえ，それとの関係で位置や分布を捉えさせる。

　校外を歩いての野外観察は，観察コースに沿って地域を線的に捉え，すぐ近くで地域を観察することができ，例えば，栽培されている作物の種類や看板の案内など具体的な情報が収集できます。**地図と見比べながら観察することで，観察地点の位置や周囲の土地利用の様子や広がりなどを押さえることができます**。留意点として，適時，現在位置を地図上で確認するよう声かけするとよいでしょう。

　景観を地図で確認する際，方位や縮尺，等高線，土地利用の表現，地図記号などを押さえさせる必要があります。これらの取り扱いについては，小学校での学習経験を考慮して考えていきます。観察に使用する地図については，国土交通省国土地理院がweb上で提供している「地理院地図」を活用することができます。観察に取り組むに当たっては，事故防止の観点から，事前

の安全点検や生徒への安全指導などに留意する必要があります。屋上からの観察では，屋上に出ると靴底が結構汚れます。事前に雑巾を用意しておき，靴底を拭かせるといった配慮も大切です。

3　方位と距離をつかませる

　観察した事柄の位置を，地図上で適切に示せない生徒が見受けられます。支援の方法として，**観察を始める前に，観察地点からのおよその方位と距離をつかませ，位置を地図上で押さえられるようにします**。例えば，次の指示を出して，実際に見ている向きに地図を合わせていきます。

> 南北の方角を確認して，地図の縦枠を南北の向きに合わせましょう。

　方位については，例えば，上記の指示を投げかけ，北・南，東・西の四方位を押さえます。方位は，方位磁石で確認させたり，あらかじめ，屋上の床やフェンスに方位を示しておいたりするとよいでしょう。真北と磁北には若干のずれがありますが，野外観察では大まかに方位がつかめればよいこととします。注意しなければならないのは，校舎内や屋上から観察した場合，壁やフェンスに対して平行に立ち，正面に視線を向け観察している生徒が多いということです。実は，校舎が南北方向，あるいは東西方向に並行しているとは限りません。知らず知らずのうちに，方位をずらして位置を捉えてしまう心配があります。観察の途中，方位を確認させる声かけをするとよいでしょう。

　距離については，例えば，次の発問を投げかけて，**ランドマークとなるものを取り上げ，距離感をつかませます**。

> あそこに見える市役所までのおよその距離はどれくらいだろう。

まず，およその距離を目測させます。それを，地図上で確かめさせます。地図に示されているスケールを使っておよその距離を捉えさせてもよいですし，地図上の長さを定規で図って縮尺を基に計算させてもよいでしょう。

4　地名で位置を押さえさせる

地図には，居住地名や行政地名，自然地名といった地名が表記されています。実際の景観と地図を重ね，地名で位置を押さえさせることができます。また，地名を押さえることで，観察の結果を，地名を使って記録したり説明したりすることができます。学校周辺地域は，生徒にとって実際に生活している地域であり，観察している地点と地名を一致させやすい利点があります。**居住地名や自然地名を適宜使って位置を押さえていく**とよいでしょう。

地名の中には，土地の特色や地域の歴史を示す場合があります。例えば，次の発問を投げかけ，景観を観察させます。

> その地域は，どうしてこのような地名がついたのでしょうか。

景観を観察しながら地名について説明して，身近な地域について，生徒の関心を高めたり，理解を深めたりする手立てとします。例えば，「坂」「谷」などは土地の起伏を，「台」「島」などは周囲より土地の高い様子を示している場合があります。

地域によっては，市町村合併や開発に伴って行政地名や居住地名が変わっている場合があります。もしかしたら，**昔使われていた地名の中に，地域の地理的，歴史的な特色を由来とするものがあるかもしれません。**これらは，国土地理院が発行していた旧版の地形図などを使って調べることができます。また，地域の方から話を伺うといった調査的な活動を設定することも考えられます。

23 具体的な問いで 観察を焦点化する

070

ポイント

1 観察の視点を与える問いを投げかける
2 比較して地理的事象を観察させる
3 数や分布に着目して地理的事象を観察させる

1 観察の視点を与える問いを投げかける

野外観察の授業で，どのように観察すればよいのかわからず，ただ漠然と景観を見ながら歩いている生徒の姿を見かけることがあります。そのようなときには，**何に着目して観察するのか，どのような視点で観察するのかを具体的な「問い」にして生徒に投げかけ，観察する対象，観察の視点を焦点化する**とよいでしょう。

2 比較して地理的事象を観察させる

比較することで，違いや共通点に気づき，特色ある地理的事象を捉えることができます。例えば，次ページの写真１で，**「左右を比べて見ると，住宅の様子にどのような違いがありますか」**と問いかけ，景観を観察させます。右手は，左手に比べて１ｍ弱土地の高さが高く，まわりを高さのある樹木で囲っている農家の住宅が見られました。一方，左手は，アパートや戸建ての住宅地になっています。地図からは，これらのことは読み取れませんでした。実際に観察し，見比べることで，景観の違いが明瞭になりました。さらに，

「**どちらの方が古い住宅地域でしょう**」と発問し，観察の視点を絞っていきます。そして，次時で，「**いつごろから住宅地ができたのだろう**」と問いを立て，1960年代の地形図で調べたところ，右手はすでに集落があり，左手は水田でした。書籍で調べたら，右手の集落は，細長く続いていて河川のつくった自然堤防，左手は後背湿地であったことがわかりました。

3 数や分布に着目して地理的事象を観察させる

　数に着目して多く見られる事柄を探したり，分布に着目してどこにあるのか観察したりすることで，特色ある地理的事象を見いだすことができます。例えば，写真2の小屋に着目させ，「**他にもあるのでしょうか**」と問いを投げかけ，小屋のある場所を探させます。ここで，「**どれくらいあるのでしょう**」と発問して数えさせたり，「**どこにあるのでしょう**」と発問して，その位置を地図に記録させたりといった具体的な指示を出すと，生徒は活発に取り組みます。そして，「**あの小屋は何をするためのものなのだろう**」と問いかけ，実際に小屋の中を観察します。その正体はポンプ小屋で，田に水を引き入れるためのものでした。農家の方に話を伺うと，川から水を汲み上げている田と，地下水を汲み上げて利用している田があることがわかりました。

写真1

写真2

24 調査に適した地図を選択する

072

> **ポイント**
> 1 調査に適した縮尺を見極める
> 2 GIS を活用する

1 調査に適した縮尺を見極める

　「身近な地域」の学習では，2万5千分の1地形図がよく使われます。しかし，地域調査の方法によっては適切でない場合もあります。例えば，商店街を実際に観察して店舗の業種を分類する場合，観察結果を地図に書き込むことを踏まえると，1千5百分の1から3千分の1程度の縮尺の地図が適しています。つまり，**調査方法に合わせて調査に適した縮尺の地図を選択する必要がある**のです。概ね，**市町村の範囲を見るのであれば2万5千分の1から5万分の1，学区域を捉えるのであれば1万分の1から2万5千分の1程度の縮尺**がよいでしょう。もちろん，学区域の広さなど地域の実態によって，調査に適した縮尺の地図は変わることに留意して選択する必要があります。適切な調査やまとめになるように，適切な縮尺の地図の利用について考えさせる方法として，例えば，次の発問を投げかけます。

> 　ここから見える富士山や筑波山までのおよその距離を調べるのに，この地図は適切ですか。どんな地図を使えばよいのでしょうか。

　この場合，観察のために生徒が持っている大縮尺の地図は適切ではありません。地図帳の20万分の1程度の縮尺の地図を使うことが適切となります。

2　GISを活用する

　GIS とは，地理情報システムの略称で，位置に関する情報をもったデータ（空間データ）を利用できるようにした技術です。国土交通省国土地理院が，web サイト上で提供している「地理院地図」は，その1つです。「地理院地図」は，任意の縮尺での利用が可能なデジタル地図で，**距離の計測や標高などの位置情報，断面図の作図，航空写真の提示などの機能**があります。適切な範囲を教師がプリントアウトしたり，生徒がコンピュータを操作したりするなど，授業で活用できます。ただし，縮尺をピンポイントに設定することはできません。次の図は，「地理院地図」の標準地図を使って観察したことをまとめた例です。

図　野外観察のまとめ例

注：国土交通省が web 上で公開している「地理院地図」ベースマップの標準地図を利用して筆者作成。（2019年10月30日閲覧）

25 追究する問いを立てて 地域調査を展開する

> ### ポイント
> 1 調査テーマを追究する問いを立てる
> 2 「防災」をテーマに追究する問いを立てる
> 3 「地域の高齢化」をテーマに追究する問いを立てる

1 調査テーマを追究する問いを立てる

「地域調査の手法」について，学習指導要領に**「場所などに着目して，課題を追究したり解決したりする活動を通して」**と学習展開の骨格が示されています。学習対象地域は，どのような特色のある場所であるか，その場所はどうしてそのような特色があるのかといった「場所」の視点から，追究する問いを設定して，課題を追究する学習展開を工夫していく必要があります。ここで，本書では，調査方法を考察し，調査に取り組み，その結果を考察するといった課題追究型の学習を展開させるための問いの構成を，「追究する問い」と表現しました。

2 「防災」をテーマに追究する問いを立てる

地域の防災について「自然災害から身を守るためにはどうしたらよいか」といった課題意識に基づいて，「防災」を調査テーマに設定します。「場所」の視点から次の追究する問いを設定して，次ページの図に示す学習展開を考えました。

問①　この場所（学校周辺）では，どのような災害が起きたのか。

問②　どうしてこの場所で，そのような災害が起きたのか。

問③　どこが危険な場所になっているのか。

問①について，郷土史，年表などを収集して文献調査を行う。

問②について，災害の原因を地形図や空中写真から読み取ったことを地形や土地利用と関連づけて考察する。

問③について，ハザードマップから危険な場所を読み取り，その場所を実際に観察して考察したことを地図にまとめる。

図　「防災」をテーマにした地域調査例

　さらに，「**この場所では，どのように災害に備えればよいのか**」といった問いを立てて「地域の在り方」の学習へとつなげていきます。

3 「地域の高齢化」をテーマに追究する問いを立てる

　人口の偏在について「学校周辺地域では高齢化の動きは進んでいるのか」といった課題意識に基づいて，「地域の高齢化」を調査テーマに設定します。**人口構成の特色や分布などに着目して地理的な課題追究となるように問いを設定していきます。**

問①　この場所の人口に占める高齢者の割合はどうなっているのか。

問②　この場所では，高齢者の割合はどのように推移しているのか。

問③　どのような場所で，高齢者の割合が高くなっているのか。

26 ハザードマップを利用して
地域の防災について調べさせる

ポイント
1 ハザードマップを利用した調査を設定する
2 タイムラインを意識した野外調査を設定する

1 ハザードマップを利用した調査を設定する

ハザードマップとは，自然災害による被害の軽減や防災対策に使用する目的で，被災想定区域や避難場所，避難経路など防災地理情報を表示した地図を指します。防災マップ，被害予測図，被害想定図，アボイド（回避）マップ，リスクマップなどと呼ばれているものもあります。多くの市町村で作成，配布されていたり，インターネット上で公開されたりしています。

そこで，ハザードマップから読み取れる次の情報に着目しました。

①地域に起こる自然災害の種類と想定される被害など災害に関する情報
②避難場所，避難経路，危険な個所など避難行動に関する情報

①では，**ハザードマップから，想定される被害状況に着目させて，地域内での差異を読み取らせます。**次に，「なぜ，地域内で差があるのか」と発問して，地形図や空中写真などから読み取った地形や標高，土地利用などの情報と関連づけて考察させます。そして，野外調査として実際の景観を，地形の特色や比高，土地利用などに着目して観察していきます。土地利用については，開発などにより地形が変化していることがあります。必要に応じて新

旧の地図を比較するとよいでしょう。なお，地域によっては，国土地理院が作成している「土地条件図」が利用できます。

②では，**ハザードマップから避難場所と避難経路を確認させます。**作業として，生徒に配付した地図に自宅から最寄りの避難場所と避難経路を記入させます。学校が避難場所に指定されていることが多いと思います。そのため，通学路と避難経路が重なる場合があります。そのルートを中心に，避難時に予測される危険や気をつけるべきことを考察させます。そして，野外調査として，危険個所の状況を観察して確認させ，考察した結果をまとめさせていきます。

2　タイムラインを意識した野外調査を設定する

「タイムライン」とは，**災害の発生を前提に，いつ，だれが，何をするかといった防災行動を時系列で整理した計画**を指します。防災行動計画とも言います。

地域調査では，実際に災害が発生したときの状況を想定して考察していく必要があります。実際に避難経路を観察する場合，例えば，次のような視点から観察させます。ここで，調査票を作成して観察したことを記録させることもできます。

○避難経路が冠水した場合，危険はないか。迂回路があるか。
○夜間に災害が発生した場合，危険はないか。
○車が渋滞しないか。高齢者など歩行困難な方が避難できるか。

タイムラインを意識させ，様々な立場に立って多面的・多角的に観察，考察させることで，生徒の防災意識を高めることができます。

27 諸資料を使って地域の変容を調べさせる

> **ポイント**
> 1 諸資料を組み合わせて文献調査を展開する
> 2 小地域集計の統計データを利用する

1 諸資料を組み合わせて文献調査を展開する

　地域調査の方法として，地図や統計，景観写真，市町村要覧，市町村史などの資料を活用する文献調査があります。これらの資料を利用して，地域の変容について調べることができます。例えば，交通に着目して**「鉄道や高速道路の開通によって，この場所はどのように変容したのか」**といった課題意識を基に，次の追究する問いを立て，図1に示す展開で調査を進めます。

> 問① いつ，その交通施設（鉄道，高速道路など）はできたのか。
> 問② その交通施設は，地域に対してどのような影響があるのか。
> 問③ 交通の発達により，地域にどのような変化が起きたのか。

　ここで，問②については，行政機関との連携やインターネットを活用しての資料収集などを工夫していきます。問②，③についての考察では，産業の変容や都市化，他地域との結びつきなどの視点から多面的・多角的に考察することができます。このように，諸資料を組み合わせて文献調査を展開し，課題を追究していくことができます。

問①について，市町村史の年表などを使って，いつできたか調べる。

問②について，市勢要覧，市町村史，新聞記事などから有用な情報を収集し，交通の発達が地域の変化に与えた影響について調べる。

問③について，問②について考察したことを踏まえて，交通施設ができる前と後の年代の地図や空中写真を比較して地域の変化を考察する。

図1　交通に着目して諸資料を利用した調査の展開例

2　小地域集計の統計データを利用する

　「地域調査の手法」では，学校周辺地域が調査対象地域となります。学区の状況を捉える統計データとして，例えば，国勢調査の小地域集計のデータが利用できます。政府統計が閲覧できる「e−Stat」で，国勢調査の集計結果が提供されていて，**丁・字別の人口や世帯などの統計データが入手できます**。そして，統計データを利用して図表を作成したり，地図に表現したりする作業的な学習を設定することができます。図2は，「地域の高齢化」を追究する目的で，平成22年と27年の国勢調査からデータを収集したものです。このデータを活用し，総人口と，総人口に占める65歳以上の割合を計算してその割合の2つの変化をグラフに示し考察する作業を設定しました。

丁・字名	平成22年国勢調査		平成27年国勢調査	
	総人口（人）	65歳以上人口（人）	総人口（人）	65歳以上人口（人）
本町1丁目	909	235	832	244
本町2丁目	824	241	801	257
上町	1838	387	1801	501

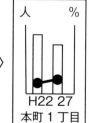

図2　国勢調査の統計データを利用した作業的な学習例

28 野外調査を設定して 課題を追究させる

ポイント

1 事前の協力要請や安全指導に配慮する
2 手順に沿って野外調査を実施する
3 情報を整理・加工する

1 事前の協力要請や安全指導に配慮する

　本書では，野外調査を，課題を追究するために調査の目的と方法に沿って，野外（校外）に出て情報を収集する活動と捉えます。調査の目的や地域の実態，生徒の実態，実施時期，授業時数などを勘案して実施可能な方法を選択して設定します。調査方法によって，**事前に地域に協力をお願いする必要があります**。また，**調査にかかわる安全指導に配意することも大切**です。

　次に，野外調査の方法を5つ紹介します。

2 手順に沿って野外調査を実施する

①確かめる

　文献調査で読み取り考察したことを，実際に現地に行って確かめます。例えば，ハザードマップで危険な場所になっている地点を観察し，なぜ危険な場所になっているのか観察して，気づいたことをメモや写真で記録します。

②分類する

　あらかじめ分類する項目を設定し，調査地域，ルートに沿って観察したこ

とを分類していきます。例えば，畑を観察して作物ごとに畑を分類する，「安全に歩ける道路」について歩道やガードレールの有無などを観察して分類する，などの活動が考えられます。自分たちで項目ごとに記号を設定し地図に記録します。

③探す・見つける（分布を調べる）

あらかじめ調査する項目を設定し，それが調査地域のどこにあるのか探して，その位置を地図に記録し分布を捉えます。例えば，「避難経路」に関して，防災無線や避難場所の案内板などの設備を探して，その位置を記録するといった具合です。

④数える

あらかじめ調査する項目を設定して，その量を数えます。例えば，幹線道路の交通について，貨物トラック，乗用車など車種を，道路の方向別に一定時間の交通量を数え，その数を記録します。動画を撮影しての分析も考えられます。

⑤聞く

あらかじめ調査票を作成して，聞き取り調査やアンケート調査を行います。例えば，「地域の産業の変容」について，関係する行政機関に話を聞いたり，事業者の方にアンケート調査をしたりすることが考えられます。

3　情報を整理・加工する

野外調査で収集した情報を整理・加工して，考察の資料としたり，発表に利用したりします。次の図に，情報を整理・加工する流れを例示します。

【情報の整理】		【情報の加工】
○観察時のメモを説明文に整理 ○項目ごとに分類や位置を地図上で整理 ○情報を数値化して表に整理		○分布図や統計地図の作成 ○グラフの作成 ○説明，写真を地図に加える

図　野外調査で収集した情報の整理・加工

29 伝統・文化に着目して 「身近な地域の歴史」を調べさせる

ポイント

1　追究する問いを立てる
2　地域の石碑や石仏に着目する

1　追究する問いを立てる

　「身近な地域の歴史」では，地域に受け継がれてきた伝統や文化への関心を高めながら，地域の歴史を調べる技能を身につけさせることをねらいの１つとしています。そこで，地域に伝わる祭りや伝統芸能などに着目して観察したり，文献調査を行ったりする学習活動の工夫を考えてみました。祭りや伝統芸能は，地域の人々によって受け継がれた文化であり，生徒の生活経験との結びつきが期待できます。次の「追究する問い」で展開します。

問①　いつ（いつの時代に），始まったのか。
問②　どうして，どのように始まったのか，どのような内容なのか。
問③　どのように受け継がれてきたのか。

　問①は，**時期や年代の視点を押さえた問い**で，問②は**時代的な背景や地域的な環境の視点から追究する問い**です。問③では，**生徒の体験とも絡めて，歴史と私たちとのつながりについても考えさせて**いきます。文献調査や関係者からの聞き取り，博物館，資料館の見学などの調査方法が考えられます。

2　地域の石碑や石仏に着目する

　「身近な地域の歴史」では，地域に残る文化財や諸資料を活用して学習します。しかし，学校周辺地域に見学できる史跡や博物館などの施設がないため，校外での見学や調査の実施が難しい場合があります。そこで，**地域の石碑や石仏に着目した野外調査を考えました。**

　道端や公園，寺院，神社などにある石碑や石仏などを探し，それらがつくられた時期や意図などを，形状や刻まれた模様や文字などを観察して調査します。その際，スケッチやメモ，写真などで記録します。地図に所在地を記しておきます。次に，文献調査として，百科事典や市町村史などを利用し，つくられた時期の西暦年や，石碑の種類，つくられた意図などを調べます。地域によっては，市町村史編纂事業の一環として石仏等の調査が行われ，報告書を刊行している場合があり，利用できます。さらに，当時の歴史的な背景や地域的な環境などを調べ，人々の生活の様子などを考察します。グループで，見つけた石碑などを分担して調べ，発表する場面を設定する学習展開が考えられます。発表内容を年表にまとめていくと，年表を使ったまとめ方を経験させる機会となります。次の写真は，筆者の実践で取り上げた石碑の例（写真１）で，天保年間につくられたものとわかりました（写真２）。

写真は，庚申塔（こうしんとう）です。塔に「天保」と刻まれており1831年から1845年の間につくられたことがわかります。台座に三猿が彫られています。この石碑が庚申信仰に関係していることが，百科事典で調べてわかりました。

写真1　　　　　　　写真2

30 「身近な地域の歴史」をあわせて
学習単元を構成する

ポイント

1 地方からの視点で歴史を捉える
2 身近な地域の史跡や人物などに着目する
3 地方の歴史と比べる

1 地方からの視点で歴史を捉える

　身近な地域の歴史を調べる学習を通して，歴史を身近に感じさせ，歴史に対する生徒の関心を高めることが期待できます。また，身近な地域の歴史を通して日本の歴史の動きを捉えることで，日本の歴史に対する理解を深め，身近な地域の歴史的な特色を理解することができます。本項では「身近な地域の歴史」をあわせて単元構成を工夫することを考えていきます。なお「身近な地域の歴史」の学習では，**取り上げる内容によっては学区域を含む市町村，あるいは都道府県規模といったより広範囲での「地方の歴史」を含むことも考えられます。**ここでは，地方からの視点として次の問いを考えました。

問① 　地方では，どのような様子が表れたのか。
問② 　地方の動きは，当時の政治や経済，文化の動きと比較して，どのような特色や結びつきなどが見られたのか。

　問①では，その時代の政治や経済，文化などの動きが，地方にどのように広がったり，動きから影響を受けたりしたのかなど考察していきます。問②

では，地方の動きが，その時代の政治や経済，文化と比較して，どのような特色があったのか，影響を受けたり与えたりといった結びつきがあったのかなど考察していきます。

2　身近な地域の史跡や人物などに着目する

「身近な地域の歴史」は，それと関連する時代についての学習に組み込む形で位置づけていきます。ここで，**身近な地域にある史跡や地域にかかわる歴史上の人物に着目して，それらが位置づく時代の学習に，見学や調査などの作業的・体験的な学習を設定すること**が考えられます。図1に，「近世の日本」の「産業の発達と町人文化」についての学習展開例を示します。

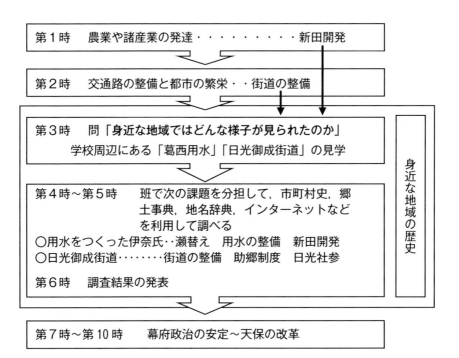

図1　「産業の発達と町人文化」に組み込んだ学習展開例

3　地方の歴史と比べる

　問②「地方の動きは，当時の政治や経済，文化の動きと比較して，どのような特色や結びつきなどが見られたのか」から，身近な地域を含む地方の歴史と比較して，地域の歴史の特色を捉えたり，当時の政治や経済，文化の動きとの関連を考察したりする学習展開を考えました。

　この場合，身近な地域に取り上げる時代に関する史跡がなくても，**「だれの支配下にあったのか」「どんな事柄が伝わってきたのか」などといった視点を基に，地方の動きを調べて捉えることができます。** そして，調べたことを政治や経済，文化の動きと比較できる形で年表などにまとめ，原因と結果，影響，変化などの視点から関係性を考察していきます。図2は，「中世の日本」の「民衆の成長と新たな文化の形成」についての学習展開例です。

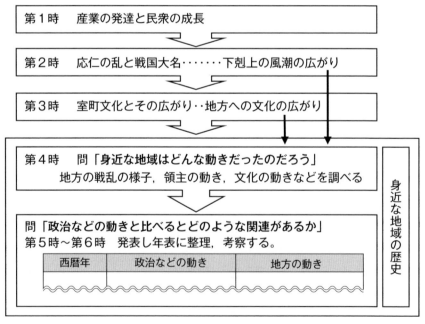

図2　「民衆の成長と新たな文化の形成」に組み込んだ学習展開例

第5章

社会参画の視点を
取り入れた授業が
もっと
うまくなる9の技

31 社会参画の視点を取り入れて学習展開を工夫する

ポイント

1 社会参画の視点を定める
2 社会参画の視点から学習展開を工夫する
3 SDGs に着目する

1 社会参画の視点を定める

　社会科学習においても，生徒の主権者としての自覚を高め，持続可能な社会づくりに向かう社会参画意識の涵養や，よりよい社会の実現を視野に課題を主体的に解決しようとする態度の育成を図ることが重要課題となっています。そして，課題を追究して，よりよい社会を構想するための思考力や判断力，表現力などをはぐくんでいく必要があります。この趣旨を踏まえた授業改善の視点を，次のように整理しました。

○主体的に社会に参画する意識を高め，課題を解決しようとする態度を培う。

○課題解決を図るために必要な思考力や判断力，表現力などの能力をはぐくむ。

　本書では，これらを「**社会参画の視点**」と表現することとします。本章では，社会参画の視点を取り入れた学習展開の工夫について考えることとします。

2　社会参画の視点から学習展開を工夫する

　次に，社会参画の視点から授業展開を工夫する手立てを考えます。

　社会参画意識を高めることについては，社会の抱える課題が，生徒自身と結びついていることに気づかせる必要があります。そこで，**影響や変化，関連といった視点**に着目して考察，構想させる中で，生徒自身とのかかわりについても考察させる学習場面を設定します。なお，影響や変容，関連などの視点は，問題解決を図るために構想する視点としてもカギになると考えます。

　課題解決を図るために必要な資質・能力の育成については，課題解決的な学習展開の工夫が考えられます。課題解決については，未来を**予測**し，課題を解決するためにどう行動するか**判断する**，よりよい方法を**選択する**など，**意思決定を図る学習場面**を取り入れます。

3　SDGsに着目する

089

　持続可能な社会づくりとの関連で社会参画の視点を授業に取り入れる場合，SDGs に着目することが考えられます。SDGs（持続可能な開発目標）は，2015年9月に国連で開かれたサミットで定められたもので，**2030年までに国際社会が達成すべき17の目標，169のターゲット**が設定されています。ターゲットとは，目標をより具体的に示したものです。

　例えば，SDGs の「1　貧困をなくそう」のターゲット「1－1　2030年までに，現在1日1.25ドル未満で生活する人々と定義されている極度の貧困をあらゆる場所で終わらせる」に着目して，**「1日1.25ドル未満で生活している人々はどれくらいいるのだろう」**と発問し，世界の貧困問題に着目させることが考えられます。

32 バリアフリーに着目して
共生社会について考えさせる

1 身近な施設のバリアフリーに着目させる

　人間尊重の考え方に基づき，すべての人々に基本的人権を保障することは，よりよい社会を構築するうえで極めて重要です。ここでは，社会参画の視点として，身近な公共施設で見られるバリアフリーの取組に着目して，共生社会の構築について考えを深める学習展開を工夫しました。

　本項では，生徒が利用している駅に着目することとします。駅は，法律に基づき施設のバリアフリー化が進められています。障がい者や高齢者，外国人など様々な人々が利用できるよう考えられています。この点を手がかりに，**障がいの有無にかかわらず，だれもが豊かに生きていく共生社会の構築**について追究していきます。

2 だれにとってのバリアフリーなのかを考えさせる

　身近な地域にある駅で見られるバリアフリーの工夫を，写真から読み取らせるとともに，駅を利用した経験から知っていることをあげさせます。だれにとってのバリアフリーなのかを意識させるために，高齢者，視覚や聴覚が

不自由な方，車いす利用者，日本語の
わからない外国人，ベビーカー利用者
の中から，グループで1つを分担して，
その立場から見てバリアフリーとして
機能していることを話し合い，ボード
に書き出させていきました。

写真　バリアフリーの工夫を書き出す

3　教師との対話を通して共生社会について思考を深める

　書き出したことを踏まえ，例えば，次の教師との対話を通して，人権保障
と関連づけながら共生社会の構築について，生徒の思考を深めていきます。

091

T　もし，バリアフリーにしなかったら，どのような影響があるでしょう？
S　駅を自由に利用できない人がいます。
T　もし，駅を利用できない状態の場合，基本的人権を保障していると言え
　　るのでしょうか？
S　移動できないと，学校や職場を選ぶことが制限されてしまいます。
S　行動の自由に差がつくのは，平等でないと思います。
T　バリアフリーは，人権を保障するのに必要な取組と言えますね。ところ
　　で，バリアフリーにより皆さん自身が利用しやすくなったと感じること
　　はありますか？
S　エレベーターは便利ですし，駅の時刻表が見やすくなりました。
T　実は，障がいの有無にかかわらず利用できるように工夫改善していくこ
　　とで，すべての人々が快適に利用できますね。このような視点を，ノー
　　マライゼーションと言います。

33 男女共同参画社会に着目して
人間尊重の考え方を深める

ポイント

1 男女共同参画社会の構築に着目させる
2 モデルディベートを取り入れる
3 多面的・多角的な思考を促す

1 男女共同参画社会の構築に着目させる

　公民的分野「人間の尊重と日本国憲法の基本的原則」では，人間の尊重についての考え方を，基本的人権を中心に深めていくことをねらいの1つにしています。本項では，この内容のまとめとして「モデルディベート」を行いました。社会参画の視点として，男女共同参画社会の構築に着目し，基本的人権について習得した知識を活用して，**「男性の育児休暇の取得」について**
ディベートの論題を設定し，考えさせることとしました。

2 モデルディベートを取り入れる

　ディベートは，ある主題（論題）に対して，2つのグループが賛成（肯定），反対（否定）の立場に分かれて第三者を説得し合う，討論によるゲームです。設定した論題に対して肯定，否定の，それぞれの立場から意見を述べていきます。この形式を活用して，**政策に対するメリット，デメリットを**
比較検討し，生徒の思考を深めていく学習展開を考えました。

　ディベートには，一定のルールと流れがあります。ディベートの学習経験

がない生徒の実態を踏まえ，モデルディベートに着目しました。モデルディベートは，**シナリオを用意しておき，それに沿ってディベートを行い，ディベートの進め方を体験的に理解させる手法**です。

3　多面的・多角的な思考を促す

　この実践では，論題を**「男性の従業員にも育児休暇を取らせることを，企業に義務づけるべきである」**と設定しました。これまで学習した平等権，自由権，社会権の内容を活用させるとともに，男性の育児休暇取得の現状や育児休暇に対する意識調査の結果，外国の制度など育児休暇に関する資料を示して考えさせました。

　この実践では，**シナリオの一部を空欄にしておき，自分なりの意見や判断を記述する部分を設けました。**シナリオの空欄に意見を書き加える学習場面では，肯定，否定それぞれの立場を踏まえて，どのようなメリットやデメリットがあるか考えるよう助言し，多面的・多角的な考察を促すよう留意しました。

写真　モデルディベートの様子

　モデルディベートを終えて，育児休暇の制度について自分の考えをまとめさせました。その際，将来，自分自身の生活にどのような影響があるか考えるよう助言し，**生徒自身と社会との結びつきを意識させました。**

ディベートの流れ
　①肯定側立論→②否定側質疑
　③否定側立論→④肯定側質疑
　（反駁の意見を考える）
　⑤否定側反駁　⑥肯定側反駁
　⑦判定
　（判定は司会役の生徒が行う）

34 地域的な課題の解決に向けて 考察，構想させる

ポイント

1　社会参画の視点を押さえて学習展開を構成する
2　課題を理解させる
3　課題の解決に向けて考察，構想させる

1　社会参画の視点を押さえて学習展開を構成する

　平成29年告示の学習指導要領では，地理的分野において「地域の在り方」が新設されました。地域には，例えば，自然環境の保全，人口の増減や移動，産業の転換，流通の変化など，地域の実態から様々な課題が生じています。そして，その課題解決に向けて，様々な議論や取組が行われています。この点を踏まえて，**社会参画の視点として，地域の課題を見いだして，課題発生の要因となっていることを考察し，課題解決の方策を構想する**というプロセスを取り入れ，「地域の在り方」の学習展開を構成することが考えられます。これにより，主権者として地域社会の形成に参画しようとする態度の育成や，問題解決に必要な資質・能力の育成を図っていきます。

2　課題を理解させる

　地域的な課題の解決を構想するには，まず，地域が抱えている課題を捉え，理解する必要があります。課題については，次ページの3点を押さえて捉えていくとよいでしょう。

○どのような課題があるのか，地域の実態を捉える。
○課題が発生する原因を，地域の実態とのかかわりで捉える。
○どのような影響があるか，持続可能性などに着目して捉える。

　なお，「地域の在り方」で，生徒の身近な地域を取り上げる場合，地域的な課題の把握については，**「地域調査の手法」の学習と関連を図ることができます。**授業設計に際し，取り上げる地域的な課題や解決のための取組が，生徒が地理的分野の学習などで身につけた見方・考え方で捉えられる事象であるか，検討しておく必要があります。

3　課題の解決に向けて考察，構想させる

　地域的な課題の解決については，課題が発生する原因や地域への影響などの考察を基に，地域の変容や持続可能性などの視点に着目して構想します。そして，友だちに説明するなど対話的な学びを通して思考を深めていきます。例えば，課題の要因について地図，統計，モデル図（下図参照）などを用いて説明したり，課題の解決策について意見交換をしたりします。ここで，社会参画の視点から，地域の在り方を構想するに当たって，**意見交換を通して集団で合意形成を図るような学習場面**を設定することが考えられます。

095

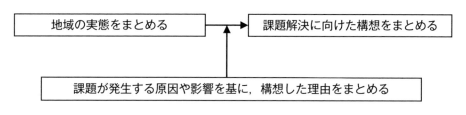

図　トゥールミン図式を用いたモデル図の例

35 身近な地域の街づくりに着目して 学習展開を工夫する

1 住民としての自治意識をはぐくむ

公民的分野「民主政治と政治参加」では,地方自治を取り上げ,住民自治を基本とする地方自治の考え方について理解させることを主なねらいとします。ここで,社会参画の視点として,地域社会への関心を高め,地方自治の発展に寄与しようとする住民としての自治意識をはぐくんでいくことを意識して授業を展開していくことが考えられます。学習単元の構成として,地方自治のしくみや住民の権利と義務について学習した後,その知識を活用して,**身近な地域の街づくりについて,対立と合意,効率と公正などに着目して4つの提案の優先順位を考えさせ,グループで話し合い合意形成を図って決定する**といった学習展開を考えました。

2 街づくりに関する提案の優先順位を考えさせる

優先順位を決める「ランキング」は,生徒の発表を引き出しやすく,多様な考え方に触れさせることのできる学習活動です。対立と合意,効率と公正といった見方・考え方を働かせて,住民の価値観の多様性や願いの実現,限りある財政の配分など多様な視点から,優先順位を考えさせていきます。

　場面設定については，身近な地域の実態や地域的な課題も踏まえて工夫しました。これにより，生徒の身近な地域に対する関心が高まることを期待しました。提案の内容は，少子高齢化，財政の状況，地域の地理的な特色，市の施設の整備状況などを勘案して教師が設定しました。話し合いの途中で人口予測や税収の見込みなどに関する追加情報を提示して，多様な視点から考えるよう促します。

　グループでの話し合いでは，合意形成を図ることを踏まえ，自分の考えの根拠を明らかにし，相手を説得するように意見を述べたり，効率と公正の視点から判断したりするよう助言しました。

　学習展開の概略を次に示します。

4つの提案「大学跡地をどのように活用するか」

提案1　企業を誘致する。敷地を企業に売却し市の収入とする。企業が誘致できれば税収の増加が期待できる。

提案2　福祉施設や公園の整備に活用する。高齢化がさらに進むので，施設を利用すれば，費用を抑えて整備できる。

提案3　運動公園や美術館を整備する。地域にない美術館を設けるとともに，施設を生かして運動公園を整備する。

提案4　住宅団地を造る。敷地を売却し住宅団地の建設を進める。若い人が増えれば，地域の活性化につながる。

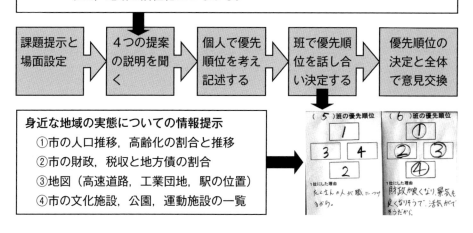

| 課題提示と場面設定 | → | 4つの提案の説明を聞く | → | 個人で優先順位を考え記述する | → | 班で優先順位を話し合い決定する | → | 優先順位の決定と全体で意見交換 |

身近な地域の実態についての情報提示
①市の人口推移，高齢化の割合と推移
②市の財政，税収と地方債の割合
③地図（高速道路，工業団地，駅の位置）
④市の文化施設，公園，運動施設の一覧

36 異なる立場があることを押さえて 意思決定を迫る

> ## ポイント
> 1 意思決定を迫る学習場面を設定する
> 2 広い視野をもって考え，判断させる

1 意思決定を迫る学習場面を設定する

社会科の授業で取り上げる社会的な課題は，ともすると生徒にとって現実味のない場合があります。そこで，**場面設定をして考えさせ，課題を具体的に捉えさせます。**また，**複数の立場を設定して，それぞれの立場から事象を捉えることで，多面的・多角的に考えさせます。**

例えば，地理的分野の世界の諸地域「ヨーロッパ州」の学習で，ヨーロッパ連合として地域がまとまる理由と課題について考えさせることをねらいとして，次の学習課題を設定します。

> あなたは，ヨーロッパ連合を維持すべきだと考えますか。それとも，解消するべきだと考えますか。

そして，「外国に職場を求めるポーランドの労働者」「外国人に職場を奪われていると感じるドイツの労働者」「国内より低賃金の労働者に期待するイギリスの企業経営者」という具合に，異なる立場や考えのあることを押さえたうえで意思決定を迫る場面を設定して，生徒の思考を促していきます。

2　広い視野をもって考え，判断させる

　意思決定の場面では，広い視野をもって考え，公正に判断できるようにする必要があります。その方策として，**ジグソー法を活用した授業展開**の工夫を考えました。次の図に示した例では，エキスパート活動として，それぞれの立場についての情報カードを読み取らせ，それに基づいて，分担した立場が「維持」「解消」どちらに立っているか考えさせます。ジグソー活動では，自分なりに解釈したことを説明し，情報カードを読み上げさせます。異なる立場や価値観からの情報を示すことで，多面的・多角的な思考を促していきます。そして，自分の考えを述べ意見交換する場面を設定します。最後に，どのような情報を根拠にしたか示しながら，個人で考えたことを記述でまとめさせます。

イギリスのEU離脱の話題を基に本時の学習課題の設定

同じカードの生徒で集まり与えられた情報を読み取り，「立場」を考える

元のグループに戻り，「立場」についての解釈を説明し，カードを読む

グループで自分自身の考えを伝え意見交換する

個人で考えをまとめ記述する

【情報カード：ドイツで働くポーランドの労働者】
　私は，ドイツとの国境にある町に住んでいます。ドイツで働けば，ポーランドの工場の4倍の給料が手に入ります。私は，ポーランドの自宅から通って，ドイツの工場で働いています。EUの加盟国の間では，経済的な差が大きく，豊かな国とこれから発展したい国で立場が違うように思います。

図　授業展開の概略と生徒に提示する情報カード例

37 状況を把握して
未来を予測させる

ポイント

1 未来予測の場面を課題解決的な学習に組み込む
2 思考ツールを使って考えを整理させる
3 未来予測を基に意思決定する場面を位置づける

1 未来予測の場面を課題解決的な学習に組み込む

　地域の課題解決を図るには，まず，問題となる状況を把握し，原因を調べて解決策を立案，実行していきます。その際，解決策を実行するとどのような影響が表れるのか，実行しない場合は問題の現状がどうなっていくのかといった，**状況を把握して因果関係を考察し，それを基に未来を予測し意思決定できる力を養っていくことが必要**です。そこで，問題の現状を把握し未来を予測する場面を組み込んで，課題解決的な学習を展開します。

　地理的分野「南アメリカ州」で，アマゾンの開発と森林保全を取り上げ，課題解決的な学習展開例を，次のように考えました（図１）。

アマゾンの熱帯林の減少についてつかみ，本時の学習課題を設定する。	熱帯林が減少している理由と，森林減少による影響を調べる。	ブラジル政府の政策による影響を多面的・多角的に考え予測する。	ブラジル政府の政策に対する自分なりの評価を記述する。

図1　地理的分野「南アメリカ州」での課題解決的な学習展開例

2　思考ツールを使って考えを整理させる

　この実践例では，問題の現状を把握するために「**Y字チャート**」という思考ツールを活用しました。アマゾンの特色，森林面積が減少している原因，森林面積減少の影響の3つの視点で，調べたことを整理しました（図2）。

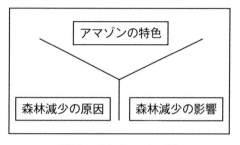

図2　Y字チャートの例

	政策推進	政策抑制
経済開発		
森林保護		

複数の視点を設定することで，多面的・多角的な考察を促します。

図3　マトリックスで整理する

　未来予測については，森林減少の原因が経済開発によることに着目して，「経済開発」と「森林保護」の視点から，政府の政策を推進した場合と停止した場合の影響について，考察したことを表形式で整理させました（図3）。

3　未来予測を基に意思決定する場面を位置づける

　実際に起きている国際社会の問題について解決策を考えるのは，学習課題としては難易度が高いものです。そこで，この実践では，ブラジル政府の政策について，推進するべきか，抑制するべきかを，未来予測を基に自分なりに判断し，意思決定する場面を設定します。その際，友だちと意見交換する場面を設けることで，**友だちの意見と比較して，自分の考えを広げたり，妥当性を吟味したりすることができるようにしました。**

　このような学習経験を通して，多面的・多角的に考察し，公正に判断していく姿勢を培っていきたいところです。

101

38 貧困問題を分解して捉え，
解決策を話し合わせる

1 問題を分解して捉えさせる

　例えば，公民的分野「私たちと国際社会の諸課題」の学習で，貧困問題を取り上げて，その解決に向けてどのように協力していけばよいか考える学習展開を設定したとしましょう。貧困問題は，経済格差や地域紛争などの原因が複雑に絡み合い，様々な問題を生み出しています。生徒にとって，問題の構造を捉えるのも難しいと思われます。そこで，**貧困問題の様子をいくつかの要素に分類して捉え，さらに具体的な項目に分解して書き出させます。**特に複雑な問題の場合には，小さな問題に分解することで，具体的な解決策を考えやすくすることができます。

　写真1は，貧困問題の様子について教科書から読み取ったことを「教育の不足」「雇用の不足」などに分類し，さらに具体的な様子を教科書や資料集などから捉え，黒板に書き出している学習場面の様子です。

写真1

2 図を利用して解決策を考えさせる

　次時で，貧困問題を解決するために，どのような国際協力が必要かをグループで話し合う学習活動を設定しました。その際，前時の板書を写真に撮り，それを印刷してボードに貼り，解決策を書

写真2

き込ませました（写真2）。**図を利用することで，具体的に考えさせることができ，グループで話し合う際に思考を焦点化することができます。**生徒は，様々な項目について解決策を考えていました。

　次に，特に重要と考える解決策を1～2つ選ぶようグループで話し合わせました。生徒からは，「人命にかかわる緊急性が高いことを優先して，必要な物資や資金を支援する」「人々が自立できるように，教育や医療などの充実に協力する」「資金がないと活動できないので資金面で協力する」といった多様な考えが出されました。各グループの意見を発表させるとともに，ボードを掲示して板書をまとめ，各班の意見を学級で共有しました（写真3）。

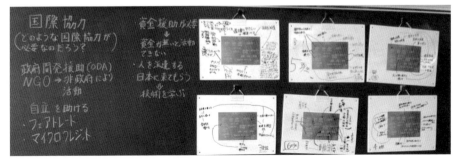

写真3

課題解決的な学習を取り入れ，
プログラミング的思考を活用させる

ポイント

1 主権者であるという自覚を養う
2 課題解決的な学習を取り入れて単元を構成する
3 プログラミング的思考を活用して整理させる

1 主権者であるという自覚を養う

　民主政治を進めるためには，国民一人ひとりが政治に対する関心を高め，主権者であるという自覚を深め，主体的に政治に参画する態度をはぐくむことが大切です。そこで，公民的分野「民主政治と政治参加」で，国民の政治参加について，課題解決的な学習による単元構成を考えました。具体的な政治参加の方法として，**選挙，政党の役割，住民運動，SNSやマスコミの働きなどの内容を押さえるとともに，選挙権の行使に着目して，主体的に政治に参加することについての自覚を養いたい**と考えました。

2 課題解決的な学習を取り入れて単元を構成する

　この単元は，選挙制度や政治参加にかかわる権利，政党政治などにかかわる用語を多く扱うので，**ともすると用語を羅列的に取り扱い，知識注入的な学習展開に陥る心配があります。**

　そこで，課題解決的な学習を取り入れた学習単元構成を，次の点に着目して工夫していきます。

○第１時で，単元を貫く課題を設定する。
○単元を貫く課題の解決を図る問いを設定して学習を展開する。
○課題を多面的・多角的に考察，構想する学習場面を設定する。

時	主な学習内容	問い（「　」）と主な学習活動（・）
1	・政治 ・民主主義 ・間接民主制 ・選挙の課題	「なぜ，選挙権は大切な権利と言われるのだろうか」 ・独裁的な政治，直接民主制，間接民主制のメリットとデメリットを話し合う。 ・選挙の課題として，棄権の増加があることを捉え，その理由を考える。 ・単元を貫く課題の設定 　私たちが進んで政治に参加していくには，どうすればよいのだろう？
2	・政党の役割 ・政党政治 ・政権公約	「政党は，私たちの政治参加とどのようなかかわりがあるのだろうか」 ・政党の役割や政党政治の動きを調べる。 ・政権公約を出す意義を考察し意見交換する。
3	・住民運動 ・マスコミ ・SNS ・世論	「政治に参加するために，どのように情報と接すればよいのだろうか」 ・マスコミや SNS の影響について考察する。 ・政治参加の方法と情報を活用する際の留意点について考察，構想する。
4	・選挙制度 ・選挙制度の課題	「選挙はどのように行われているのだろうか」 ・選挙の基本原則や日本の選挙制度を調べる。 ・選挙制度の課題について考察する。
5	・選挙権 ・政治参加	「私たちが進んで選挙にいくには，どうすればよいのだろうか」 ・模擬選挙を通して，投票率を上げるための取組や有権者の投票行動を支える工夫などを捉える。 ・選挙権を行使する意味を考察し，説明する。

3 プログラミング的思考を活用して整理させる

　第5時で，投票率を上げるための取組や有権者の投票行動を支える工夫などを捉える際，第1時で考察した「棄権の増加した理由」と関連づけていきます。例えば，「だれに投票すればよいか，立候補者の選挙公約がよくわからない」という理由に対して，選挙公報の発行や政見放送を行っていることや，マスコミの報道を利用することなどが対応するといった具合です。

　選挙権を行使する意味について考察する手立てとして，「もし，棄権する割合が今以上に高くなったら，どんな影響があるのだろう」「投票率が上がると，政治にどのような影響があるのだろう」と，投票行動の有無による影響や変化に着目させ考察させ，その結果を基に政治参加の在り方について構想していきます。

　このような考察では，プログラミング的思考を活用することが考えられます。プログラミング的思考とは，**プログラミングの概念に基づいた問題解決型の思考で，物事を正しく分類・分析して要素として捉えたり，要素同士の関係性，組み合わせを考えたりして，論理的に考えていく思考の方法**です。

　例えば，選挙に行く場合と行かない場合で，次の選挙に対してどのような行動になるかフローチャートにまとめたものです（右図参照）。

　このように，プログラミング的思考の形式を使って，思考を整理することができます。

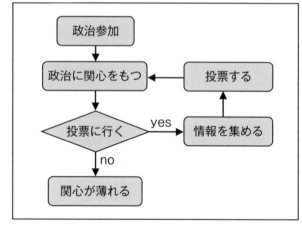

第**6**章

指導計画を
活用した授業づくりが
もっと うまくなる**6**の技

40 指導計画を活用して
学習展開を工夫する

ポイント

1　カリキュラムマネジメントを働かせて指導計画を工夫する
2　指導計画を活用して学習展開を工夫する視点をもつ

1　カリキュラムマネジメントを働かせて指導計画を工夫する

　社会科の学習においても，変化の激しい社会を生きるうえで必要な資質・能力を育成するための指導計画を創意工夫していくことが求められます。そして，実践を評価し，指導計画を改善していくことが大切です。つまり，カリキュラムマネジメントを働かせて指導計画を工夫するのです。なお，本章では，指導計画として，主に年間指導計画に着目して考えることとします。

　指導計画は，単に教科書の学習項目を並べた授業の予定表であってはいけません。**生徒の実態や学校，地域の事情に配慮し，資質・能力の育成を目指し，わかる授業，力の身につく授業が実現できるよう，学習単元の配列や配当時数，主な学習活動の位置づけなどを工夫していく必要があります。**

　本書では，特に次の点に着目しました。

○小・中学校，高等学校を見通し，計画的に資質・能力の育成を図る。
○課題を追究したり解決したりする学習の充実を図る。
○教科構造を踏まえ，各分野相互の関連を図る。

2　指導計画を活用して学習展開を工夫する視点をもつ

　指導計画を，単に進行表として使うのではもったいないと思います。日々の授業設計において，単元構成や個々の授業の具体的な学習展開を考える際に，**指導計画を活用して学習展開を工夫する視点をもつと，授業の幅を広げることができる**と思います。本書では，次のことに着目しました。

> ○習得と活用の関係を押さえ，資質・能力を計画的に育成する学習展開を工夫する。
> ○学習内容や学習活動，身につけた資質・能力などを押さえ，学習単元相互の関連や分野相互の有機的な関連を図って学習展開を工夫する。

　小学校の指導計画も活用して，小・中学校を通して，資質・能力の育成を見通すとともに，小学校での学習経験を活用していく視点も有効です。

> ○小学校での学習経験を踏まえて接続単元を工夫し，「中一ギャップ」の解消を図る。
> ○小学校での学習経験や既得知識を活用して，学習展開を工夫する。

　さらに，教育課程全体を見通し，他教科等との関連を図ることで，授業の幅を広げることが期待できます。

> ○関連する学習内容や学習活動について，教科間の関連を図る。
> ○教科等横断的な視点で，学習展開を工夫する。

　本章では，以上の視点から学習展開の工夫について考えていきます。

41 小学校との円滑な接続を図る

ポイント

1 学習単元の配列を見直す
2 ガイダンスを踏まえて接続単元を工夫する
3 小学校との関連や分野間の関連を考慮する

1 学習単元の配列を見直す

　「中一ギャップ」の解消が課題となっています。その手立てとして，小学校との円滑な接続ができるよう年間指導計画の見直しを図ることを考えました。本項では，接続単元に着目するとともに，中学校の学習が軌道に乗る1学期前半までの指導計画を視野に考えていきます。

　中学校社会科は，1・2年生で地理的分野と歴史的分野を並行して学習を進めていきます。配当時数でみると，第1学年では地理的分野の方が多くなることから，最初に地理的分野から位置づけてバランスよく学習単元を配列していくことが考えられます。ところが，生徒の実態によっては，歴史的分野の学習を先行させた方が接続しやすい場合も考えられます。

　小学校との円滑な接続を図るうえで，社会科学習に対する生徒の意識や小学校社会科の学習経験を把握するとともに，小学校の指導計画の配列，中学校社会科の教科構造，各分野で最初に位置づけられている内容と配当時数，想定される学習活動など，**学校の実態や事情を総合的に勘案して，指導計画を創意工夫していくことが大切**です。

2 ガイダンスを踏まえて接続単元を工夫する

　入学して間もない生徒に対して，中学校での学習に対する不安感を取り除いていくことが，「中1ギャップ」の解消につながります。単に，最初の授業で説明や生徒の実態把握などを行うだけでなく，**学習活動を通してガイダンスを充実させていく必要がある**と考えます。ガイダンスを踏まえて小学校との接続単元を工夫するのです。これにより，社会科の学習に対する生徒の興味・関心を高め，学習に対する心構えをもたせることをねらいます。また，教科書や地図帳，補助教材などを使っての調べ方，授業規律の確立，学習集団づくりなどを含めたガイダンスとなるよう，次の点に着目して学習単元を構成し，中学校の社会科学習について見通しをもたせていきます。

> ①課題を追究する学習を展開し，中学校での学習の進め方を理解する
> ②小学校での学習経験や既得知識を活用し，見方・考え方を働かせる
> ③作業的な学習を設定し，調べ方やまとめ方を身につける
> ④生徒同士がかかわり合う学習場面を設定し，学習集団づくりを進める

　各視点の具体を，次のように考えました。

①課題を追究する学習を展開し，中学校での学習の進め方を理解する

　中学校では「課題を追究したり解決したりする活動を通して」学習を進めていきます。この点を踏まえ，課題を追究する学習を展開して，課題意識をもって学ぶ姿勢や見方・考え方を働かせて考察し表現することなど，中学校での社会科学習の進め方をつかませていきます。

②小学校での学習経験や既得知識を活用し，見方・考え方を働かせる

　小学校での学習経験や既得知識を活用して調べたりまとめたりすることにより，社会科学習への親しみをもたせます。そして，習得した知識や技能を積極的に活用し，見方・考え方を働かせて課題を追究していく姿勢をもたせていきます。

③作業的な学習を設定し，調べ方やまとめ方を身につける

作業的な学習を設定することで，生徒の主体的に調べたりまとめたりしようとする意欲や態度を養うとともに，調べ方やまとめ方についての技能を身につけさせていきます。

④生徒同士がかかわり合う学習場面を設定し，学習集団づくりを進める

例えば，ペアや小グループで協力して作業を進めたり，まとめた成果を発表し学び合う学習を設定したりすることで，学習集団づくりを進めて協働的に学ぶ姿勢を培っていきます。

実際には，歴史的分野「私たちと歴史」，地理的分野「世界と日本の地域構成」が小学校との接続単元として位置づけられます。いずれの学習内容とも，社会科の学習を進めていくうえで基本的な知識・技能を扱っています。しっかり身につけさせるとともに，**これらの単元以降の学習においても繰り返し取り上げて，確実に定着させるよう配慮していく必要があります。**

3 小学校との関連や分野間の関連を考慮する

中学校社会科は分野制となり，世界の地誌や世界史に関する内容を取り扱うなど，身につけるべき知識や技能が量的にも質的にも増えます。そのため，生徒の学習に対する不安感や負担感が大きくなると考えます。そこで，生徒が習得した知識や技能を積極的に活用して，不安感や負担感を軽減していきます。この点を考慮して，**小学校との関連や分野間の有機的な関連を意図的に図り，学習単元の配列を見直していきます。**小学校との接続や関連，分野間の関連を踏まえた指導計画の構想例を次ページの図に示します。

なお，小学校の社会科学習で習得した知識や技能を活用することや学習経験を生かすことは，接続単元に限ったことではありません。学習指導要領では，指導計画の作成の配慮事項として，小学校社会科の内容との関連を図ることを明記しています。内容の取扱いでは，例えば，歴史的分野「古代まで

の日本」で，「律令国家の形成」について学習する場合，「律令国家の確立に至るまでの過程」については，「小学校での学習内容を活用して大きく捉えさせるようにすること」と示されています。また，小学校の社会科学習では，実際に見学や地域の方の話を伺うなど直接経験的な学習を行っています。これらの点を踏まえ，小学校社会科の内容や学習経験を，中学校での授業と関連づける手立てを図り，有効に活用していくことが大切です。

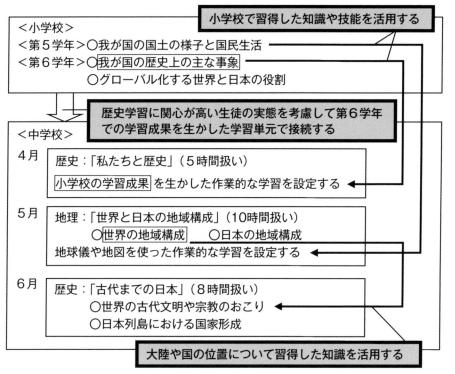

図　小学校との接続を考慮した指導計画の構想例

113

42 習得と活用に着目して
指導計画と学習展開を工夫する

ポイント

1 習得と活用の視点から指導の重点化と効率化を図る
2 習得と活用を踏まえて学習展開を構成する
3 指導計画を生かして評価を効率化する

1 習得と活用の視点から指導の重点化と効率化を図る

　生徒主体の課題解決的な学習は，教師が主導して進める学習に比べ時間がかかります。限られた時間の中で，社会科としての基礎・基本となる知識や技能を押さえるとともに，主体的・対話的で深い学びを充実させていく必要があります。そこで，習得と活用の視点から指導の重点化や効率化を図り，指導計画を作成することを考えました。

　例えば，各学習単元で，重点的に取り上げる見方・考え方や技能を指導計画に位置づけて定着を図るとともに，指導の重複を避けて効率化を図ります。そして，習得した知識や技能などを活用する学習単元を位置づけ，生徒が主体となる課題解決的な学習を展開します。

　指導計画を作成する際，学習内容を踏まえ，単元のねらいを達成するうえで適切な学習展開であるか留意するとともに，指導計画全体を見据えて配当時数を調整していく必要があります。また，**カリキュラムマネジメントを働かせて，習得と活用の関連をスムーズに図れるよう指導計画を見直していくことが大切**です。習得した知識や技能は，繰り返し活用することで定着を図ることができます。考察を通して理解を促し概念化を図ることについても押

さえていく必要があります。これらの点も踏まえて，指導計画の見直しを図ります。その際，技能や見方・考え方を意図的，計画的に育成する視点も加えて指導計画を工夫するとよいでしょう。

　地理的分野「日本の諸地域」の指導計画例を次に示します。

小単元と考察の仕方 （　）は配当時数	小単元を構成する視点（●習得　○活用）
九州地方（4） ①自然環境を中核と した考察	●中核とする事象と他の事象とを関連づけて動態的に捉える考察の仕方を身につける。 ●地図帳の一般図から地形や都市の分布，産業，交通などを捉え地域的特色を概観する。
中国・四国地方（4） ②人口や都市・村落を中核とした考察	●地方中枢都市，過疎に着目して，地域的特色を動態的に考察する。 ●統計資料を利用して地域的特色を追究する。
近畿地方（6） ⑤地域の環境問題を 中核とした考察	○九州地方，中国・四国地方の学習で身につけた考察の仕方や技能を活用して，地域の環境問題や環境保全について考察する。 ☆小単元全体を通して課題解決的な学習を展開する
中部地方（5） ③産業を中核とした 考察	●地域を東海，中央高地，北陸に細分化して考察した結果を基に，産業について日本全体から見た中部地方の特色と，中部地方を構成する各地域の特色の，2つの視点で捉える。
関東地方（5） ②人口や都市・村落を中核とした考察	○大都市圏，過密に着目し，中国・四国地方で学習した地方，過疎の特色と比較しながら，地域的特色を考察する。

東北地方（4）④交通や通信を中核とした考察	○新旧の地図や統計資料，映像資料など様々な資料を活用して地域的特色を追究する。
北海道地方（6）①自然環境を中核とした考察	○九州地方の地域的特色と比較しながら，自然環境を中核とした北海道の特色を考察する。☆小単元全体を通して課題解決的な学習を展開する

2 習得と活用を踏まえて学習展開を構成する

　例えば，見方・考え方を身につけさせる場合，**一斉学習形態で教師が追究の過程に即して発問し，生徒の思考を促していくといった授業展開**が考えられます。一方，活用を位置づけた学習単元では，**生徒が主体的に資料収集して，必要な情報を選択して考察し，その過程や結果の発表までを行っていく学習展開**が考えられます。九州地方（図１）と近畿地方（図２）の学習展開例を示します。

第１時	地図帳の一般図を使って九州地方を概観する　単元を貫く課題の設定

地図帳の一般図を利用して地域を概観する技能の習得を図る

第２時	教師との対話を通して，温暖な気候と産業，人々の生活を関連づけて考察する

第３時	グループで話し合いながら，火山と産業，人々の生活を関連づけて考察する

第４時	教師との対話を通して，自然災害に対する防災が地域の課題になっていることを考察する

中核とする事象と他の事象を関連づけて動態的に考察する方法を身につけさせる

図1　習得に重点を置いた九州地方の学習展開例

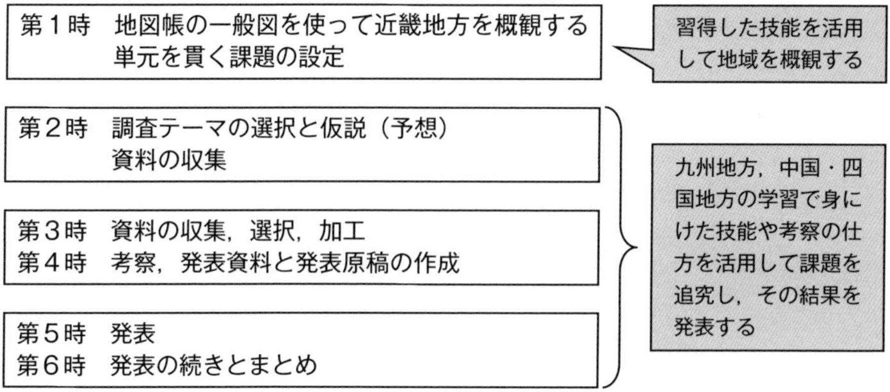

| 第1時　地図帳の一般図を使って近畿地方を概観する
　　　　単元を貫く課題の設定 | → 習得した技能を活用
して地域を概観する |

| 第2時　調査テーマの選択と仮説（予想）
　　　　資料の収集 |

| 第3時　資料の収集，選択，加工
第4時　考察，発表資料と発表原稿の作成 |

| 第5時　発表
第6時　発表の続きとまとめ |

九州地方，中国・四国地方の学習で身につけた技能や考察の仕方を活用して課題を追究し，その結果を発表する

図2　活用を位置づけた近畿地方の学習展開例

　習得と活用に着目した学習展開を構想するに当たっては，取り上げる知識や技能，見方・考え方をどの単元で習得したのか，本単元で学習した内容をどこで活用していくのかといった視点で，習得と活用の関係を，指導計画を活用して押さえておくとよいでしょう。

117

3　指導計画を生かして評価を効率化する

　習得と活用を踏まえて作成した指導計画を生かして，評価の効率化を図っていきます。本項で示した「日本の諸地域」の指導計画を例にすると，九州地方や中国・四国地方の学習では，習得を意図した資質・能力に関する評価の観点で指導目標を設定します。そして，学習活動を観察して習得の状況について努力を要すると判断した生徒に対する支援をして，指導と評価の一体化に努めます。一方，近畿地方の学習では，習得したことを活用しているか観察し，その定着状況を評価して記録していきます。このように，**教師の評価活動を絞ることで，効率化を図る**のです。なお，「主体的に学習に取り組む態度」については，学習内容のまとまり，つまり日本の諸地域の学習全体を通して評価していくことが考えられます。

43 分野間の有機的な関連を図る

ポイント

1 分野間の有機的な関連を図って生徒の理解を深める
2 分野間の関連を図るための手立てを講じる
3 他分野で習得した知識を活用して考察させる

1 分野間の有機的な関連を図って生徒の理解を深める

社会科では，地理，歴史，公民の各分野で，関連する内容を扱っています。例えば，宗教についてです。急速にグローバル化が進む社会において，適切に宗教に関する一般的な教養を培っていくことが必要です。もし，各分野での学習内容が単純な繰り返しになっていたり，重複が多かったりすると非効率的ですし，生徒の認識が深まりません。**中学校社会科として，分野間の有機的な関連を図って理解を深めるという視点**が大切になります。そのための指導のポイントを次のように考えました。

○各分野での学習のねらいを押さえて理解を図る。
○分野相互の有機的な関連を図って理解を深める。

2 分野間の関連を図るための手立てを講じる

分野間の関連を図るためには，まず，**年間指導計画を活用して，各分野で**

のねらいと取り扱う内容の，**相互の関連を構造的に把握する**必要があります。次に，**他分野での学習成果を押さえた学習課題を設定**します。そして，関連づけて考察させる手立てとして，**他分野での学習を想起させる教師の発問（言葉がけ）**によって，生徒に働きかけていきます。

　例えば，差別問題を取り上げた学習では，次のように関連づけていくことが考えられます。

歴史的分野で差別問題の発生した原因や歴史的な経緯を押さえさせる

公民的分野で<u>歴史的な経緯を踏まえ</u>，人権保障の視点から差別問題を捉えさせる

図1　差別問題を取り扱う学習に関する歴史分野と公民的分野との関連

問：なぜ，<u>江戸幕府の身分制度に起因する部落差別</u>が未だに解消されないのか

＜歴史的分野での学習経験を踏まえる＞

「近世の日本」
・江戸幕府による身分制度
・差別の強化←不当な差別に
　対する一揆　など

「近代の日本と世界」
・明治政府の身分解放令
　→差別が続く
・水平社運動　など

「現代の日本と世界」
・戦後の民主化
　など

歴史的分野での学習を想起させる教師の発問
「どうして身分制度がなくなっても部落差別が続いたのか」

＜公民的分野の学習で部落差別についての認識を深める＞

・身分制度による農民支配を通し根強い差別意識がつくられ，制度がなくなっても解消されず，差別が続いた。

・偏見，誤った認識が消えず就職や結婚などでの差別が未だに残っている。

図2　歴史的分野との関連を図った公民的分野の学習展開例

社会科では，歴史的分野と公民的分野で差別問題にかかわる内容を取り上げています。各分野でのねらいと関連を押さえ，歴史的分野の学習成果を活用して公民的分野の学習を展開し，差別問題に対する生徒の理解を深めていくことができます（図1）。

　他分野での学習成果を押さえた学習課題の設定については，例えば，「なぜ，江戸幕府の身分制度に起因する部落差別が未だに解消されないのか」と，問いの形で設定します。ここで，「江戸幕府の身分制度に起因する」と明示して，歴史学習との関連を意識づけるとともに，時間的な長さを示して問題の根深さを捉えさせようと考えました（図2）。

　私たちの社会には，様々な差別問題があり，その解決が重要な課題となっています。特に，部落差別やアイヌ民族に対する差別などについては，歴史的な経緯を押さえ，問題が発生した原因や差別の実態，解決のための取組などについて正しく理解し，差別のない社会の実現に参画する態度を培っていくことが大切と考えます。

3　他分野で習得した知識を活用して考察させる

　分野相互の有機的な関連を図り，認識を深める手立てとして，**習得した知識を活用して考察する問いを工夫していきます。**

　例えば，図3は，各分野での宗教に関する取り扱いと相互の学習の関連を構造的に捉えたものです。公民的分野「私たちが生きる現代社会と文化の特色」の学習展開を構想する場合，地理的分野と歴史的分野での学習成果が活用できることがわかります。

　ここでは，生徒の学習経験を踏まえ，インドに着目しました。インドの入国ビザを申請する際，信仰している宗教についての質問事項があります。このことを利用して，導入の発問として，**「なぜ，インドでは，入国申請の際に宗教について質問するのだろう」**と問いかけます。そして，宗教に関する歴史的背景（歴史）や宗教と人々の生活とのかかわり（地理）などの視点か

ら，習得した知識を活用させて，インドの人々の生活の営みと宗教との関連を多面的・多角的に考察させます。その結果を日本と比較する形で，宗教が人々の考え方，価値観に大きな影響を与えていること，国や地域によって宗教と人々の生活との結びつきは多様であることなどを考察させていきます。その際，日本でも宗教と結びついている年中行事が見られることなどに気づかせていきます。

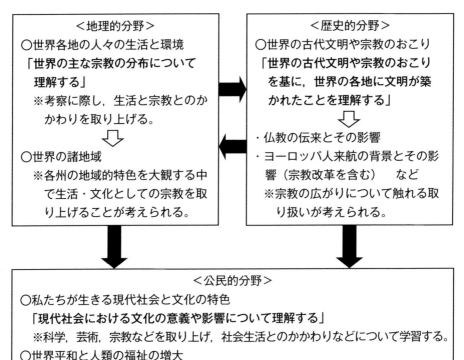

図3　各分野における宗教に関する学習の取り扱い

44 教科等横断的な視点を踏まえて 学習展開を工夫する

ポイント

1. 現代的な諸課題への対応を図る
2. 教科等横断的な視点から学習展開を工夫する

1 現代的な諸課題への対応を図る

学校教育に対して，現代的な諸課題に対応して求められる資質・能力を，教科等横断的な視点で育成していくことができるよう，教育課程の編成を図ることが求められています。**社会科の学習は，環境教育，人権教育，消費者教育など，現代的な諸課題に対応した様々な教育と関連しています。**

例えば，消費者教育については，消費者基本法で，「学校，地域，家庭，職域その他の様々な場を通じて消費生活に関する教育を充実する等必要な施策を講ずる」と定めています。学校教育では，小・中・高等学校の社会科，公民科，家庭科，技術・家庭科などの教科等を中心に，児童生徒の発達段階を踏まえ，消費者教育を推進していくことになっています。

2 教科等横断的な視点から学習展開を工夫する

教科等横断的な視点は，現代的な諸課題に対応した教育としてのねらいを縦糸として，各教科等の内容を横糸にして関連づけていくといったイメージで捉えられます。教科等横断的な視点から学習展開の工夫を考えるには，まず，指導計画を活用して関連する各教科の内容を押さえる必要があります。

次の図に，消費者教育から見た社会科と技術・家庭科の関連を示します。

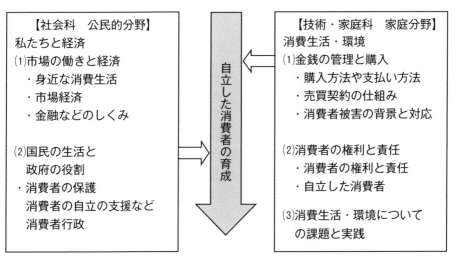

図　消費者教育から見た社会科と技術・家庭科の関連

123

　学習展開を工夫する手立てとして，**関連する他教科等の学習内容や学習活動を活用する**ことが考えられます。例えば，社会科公民的分野「国民生活と政府の役割」で消費者の保護を取り上げる授業の導入に，技術・家庭科の家庭分野で学習した消費者問題を提示します。そして，消費者被害の背景について技術・家庭科で学習したことを想起させる発問を投げかけ，消費者の自立の支援について，具体的な行政の取組を取り上げて，その必要性について考察させます。ここで，単に技術・家庭科で学習したことの繰り返しにならないよう，**社会科としての学習の目的を明確にして授業展開することが肝要**です。

　授業の準備に当たっては，関連する教科等の学習内容を教科書で確認したり，生徒の学習経験について情報交換をしたりするなど，教師間の連携を図ることも大切です。

45 他教科と関連づけて
生徒の理解を深める

ポイント

1 他教科を関連づける視点を定める
2 教科間の関連を図る手立てを講じる
3 「特別の教科　道徳」との関連を図る

1 他教科を関連づける視点を定める

他教科の授業内容が，社会科と関連することが多々あります。他教科の学習経験や習得した知識を社会科と関連づけたり，社会科の学習を他教科に生かしたりすることで，生徒の学びが教科の枠を超え，より豊かになります。

社会科と他教科を関連させる視点を以下のように考えました。

○他教科の学習内容を社会科と関連づけて，説明の効率化を図ったり，理解を促したりする。
○社会科の学習内容を他教科の学習内容と関連づけて活用するよう働きかける。

本項では，文化に関する学習に着目して，教科間の関連を図る手立てを考えることとします。その取りかかりとして，**他教科で取り上げている文化に関する学習内容を，指導計画を活用して把握します。**他教科の教科書や補助教材を読むのも参考になります。

2　教科間の関連を図る手立てを講じる

　社会科と他教科との関連を図るためには，学習内容の関連や学習する時期などを，指導計画を活用し把握する必要があります。文化に関する学習についての教科間の関連を次の図のようにまとめてみました。

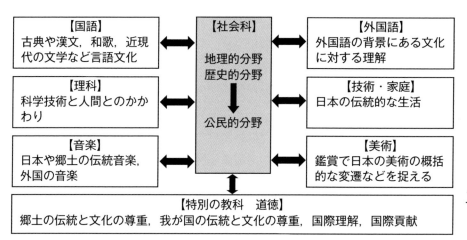

図　文化に関する学習についての社会科と他教科との関連

125

　他教科の学習内容を社会科と関連づける手立てとして，**他教科で学習した経験を想起させる発問を投げかけたり，他教科の学習で用いた教材を提示したりすることが考えられます。**他教科での学習成果と関連づけることで，説明の重複を避けて効率化を図ったり，作品や人物について具体的なイメージをもたせて理解を深めたりすることが期待できます。

　例えば，歴史的分野「近代産業の発展と近代文化の形成」で，滝廉太郎を取り上げ音楽の学習内容と関連づけます。音楽での学習を想起させる発問を投げかけ，滝廉太郎が日本の近代音楽に与えた影響を押さえます。

T　滝廉太郎が作曲した作品を，音楽の時間に学習しましたか？

S 荒城の月や花を歌いました。

T 滝廉太郎について，音楽で学習したことをノートに書き出しましょう。

　指導計画の配列により，社会科で取り上げたい内容について，他教科でま
だ学習していない場合があります。その場合，**他教科で関連する内容を学習
することを説明し，社会科で学習したことを思い出して，文化の地理的，歴
史的背景などを押さえるなど，活用することを働きかけます。**また，他教科
の授業で社会科の教材を提供するなど教師間の協力を図ることも有効です。

　歴史的分野で，鎌倉時代の文化の学習について，教師の働きかけの例を示
します。その際，歴史的背景を押さえる文言を入れるとよいでしょう。

T 平家物語は，どのような人々に好まれたのでしょう？

S 武士です。源平合戦で武士が活躍する話だからです。

T 武士の活躍を描いた文学作品を「軍記物」と言います。武士の活躍をど
のように描いているか，２年生の国語で学習するので，今日学習した鎌
倉時代の文化の特色を踏まえて，平家物語を読んでください。

3 「特別の教科　道徳」との関連を図る

　社会科の指導において，その特質に応じて，道徳について適切に指導する
ことが学習指導要領に示されています。社会科は，教科目標を見ると，道徳
教育と密接に関連していることが明確です。文化に関する学習について言え
ば，主として集団や社会とのかかわりに関することについて，「郷土の伝統
と文化の尊重」や「我が国の伝統と文化の尊重」，「国際理解，国際貢献」と
いった項目がかかわってきます。

　社会科学習との関連づけを図る手立てとして，**道徳の時間で読んだ教材を
活用したり，道徳の時間で考えたことを取り上げたりする**ことができます。

第**7**章

評価の仕方
と生かし方が
もっと
うまくなる5の技

46 評価を指導に生かす

ポイント

1 評価の重点化，効率化を図る
2 評価方法を工夫する
3 PDCA サイクルで指導の改善を図る

1 評価の重点化，効率化を図る

　教師の評価活動には，**生徒の学習状況を捉えて指導に生かすための評価と，生徒の学習状況を測り評価情報として収集し記録に残すための評価**があります。両方とも「評価」の語で言い表すので，明確に区別することがないかもしれません。もし，授業の中で評価したことを基に個々の生徒を指導しつつ，評価結果を記録していくとなると，教師の個別指導は慌ただしいものになり，もしかすると学級全員に目が届かない心配があります。

　また，ワークシートの記述などを評価資料として用いる場合，教師の個別指導を受けて表現しているが，その思考や表現が生徒の力として身についているか判断が難しい場合があります。この場合，評価情報を総括して評定へ結びつけていくのではなく，生徒個々の学習状況の経過を捉えて個人内評価に資する情報として記録することが考えられます。

　そこで，学習単元あるいは学習単元のまとまりの中で，**「この授業は指導に生かす評価を行っていく」「この学習場面は，これまで習得してきたことを活用しているか，記録する」**など，評価活動のねらいを位置づけて，評価の重点化，効率化を図ることを考えました。

2　評価方法を工夫する

学習状況を捉えるための評価方法は，授業時の観察，ワークシートやノートなどの記述，学習新聞など作品の内容分析など，多様な方法が考えられます。本章では，評価方法を工夫する手立てとして，次に着目しました。

①評価規準を設定し，それを活用して生徒の学習状況を評価する
②生徒の思考を可視化して捉えるとともに，その積み重ねを生かす
③パフォーマンス評価を取り入れる
④授業での学習展開を踏まえて，ペーパーテストの問題を工夫する

①と，②の「生徒の思考の可視化」については，主に指導に生かす評価を踏まえて，**生徒の学習状況を捉えるための工夫**として考えました。②の「積み重ねを生かす」については，**生徒の変容を捉える方法**として着目しました。③と④は，**生徒の学習状況を測定し記録するための評価方法**です。その評価結果は，次の指導に役立てていきます。

3　PDCAサイクルで指導の改善を図る

生徒の学習状況を評価する営みは，教師の学習指導の成果と課題を明らかにする働きがあります。教師は，生徒の学習状況を捉えて指導の改善を図っていくことが肝要です。改善を図るためには，個々の学習場面，授業の学習展開，単元の構成など焦点を絞って学習指導の改善を図る視点と，年間指導計画上の位置づけなど教育課程を工夫する視点の両方を働かせていく必要があります。そして，**絶えずPDCAサイクルを機能させて指導の改善を図り続けていく**ことを通して，教師の資質向上に努めていきます。

47 評価規準を生かして学習状況を評価し，指導につなげる

> ## ポイント
> 1　評価規準を生かして生徒の学習状況を捉える
> 2　指導と評価の一体化を図る

1　評価規準を生かして生徒の学習状況を捉える

　作業状況の観察やワークシートの記述などの評価については，事前に評価の判断基準を設定し，それと照らし合わせて学習状況を評価していくことが考えられます。評価のよりどころとなるのが「評価規準」です。

　評価規準は，生徒が身につけた資質や能力の質的な面の評価を目指し導入された概念です。学習指導要領の目標や内容を踏まえ，評価の観点別に，学習指導のねらいが概ね実現されたと判断できる生徒の学習状況を，具体的に想定して示したものです。評価規準を設定，活用することで，評価の妥当性を確保するとともに，教師の評価活動の効率化を図ることができます。

　授業の中で生徒の学習状況を捉えていくには，**評価規準に示された学習状況を，実際に生徒が取り組む学習活動に合わせて，具体的に「概ね満足できる学習状況」として設定する必要があります。**これを判断基準にして，この状況に達していない場合を「努力を要する学習状況」，質的に十分高まっていると判断できる場合を「十分満足できる学習状況」と，三段階で捉えていきます。

2 指導と評価の一体化を図る

　生徒の学習状況を評価し，「努力を要する学習状況」と判断した場合，概ね満足できる状況まで達するよう教師は手立てを講じ，生徒に働きかけていきます。**評価を次の指導につなげて，指導と評価の一体化を図る**のです。

　指導と評価の一体化を図るには，あらかじめ「努力を要する学習状況」を想定しておき，その状況に対応した指導の手立てを考えておく必要があります。同様に，「概ね満足できる学習状況」を「十分満足できる学習状況」まで高めていく手立てを考えておくことも大切です。

　公民的分野「国民の生活と政府の役割」を例に，指導と評価の一体化を図る手立てを，次の図に示します。

> **本時の目標**：財政の現状や少子高齢社会の特色などを関連づけて，持続可能な社会保障制度の構築が課題であることを考察する。

> **評価規準**：持続可能な社会保障制度の構築が課題となることを，財政の現状や少子高齢社会の特色などを関連づけ多面的・多角的に考察し，その過程や結果を適切に表現している。【思考力等】

学習活動	指導上の留意点と評価（◎）
・財政の現状と少子高齢社会の特色を関連づけて見ると，どのような課題を抱えているのか考え，ワークシートにまとめる。 　**努力を要する学習状況と，それに対応した指導の手立てを想定する**	◎受益と負担の関係に着目して持続可能な社会保障制度の構築が課題であることをまとめているか，記述内容から評価する。 ・関連づけて考察できない状況の生徒に対し，社会保障関係費が増大する理由に着目して考えるよう助言する。

図　指導と評価の一体化を図る手順

48 思考を可視化し，
積み重ねに着目して評価する

ポイント

1 生徒の思考を可視化して捉える
2 学習の積み重ねに着目して評価する
3 「何ができるようになったか」を自己評価させる

1 生徒の思考を可視化して捉える

生徒の思考力を評価するには，**思考の過程や結果を何らかの形で表現させて捉えていきます**。生徒の思考を可視化する手立てとして，文章で記述させたり，図にまとめさせたりすることが考えられます。

例えば，地理的分野の「日本の諸地域」では，中核とする事象と他の事象とを有機的に関連づけて地域的特色を考察します。生徒の思考の営みをウェビングマップに表現させることで，視覚的に捉えることができます（図1）。

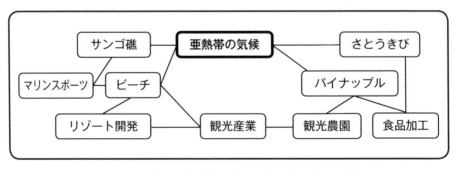

図1　地理的分野「九州地方」でのウェビングマップ例

2　学習の積み重ねに着目して評価する

　　思考力や表現力などの成長を捉える方法として，生徒の学習の積み重ねに着目して，思考力や表現力などの質的，量的な変容を捉えて評価することが考えられます。つまり，**ポートフォリオ評価の導入**です。ポートフォリオ評価は，生徒の学習の過程や成果などの記録や作品を計画的にファイル等に収集しておき，そのファイル等を活用して学習状況を把握する評価方法です。

3　「何ができるようになったか」を自己評価させる

　　生徒自身に，学習を積み重ねてきた経過や結果を振り返らせ，「何ができるようになったか」など自己評価させることで，生徒自身に学習の到達点や課題を認識させることができます。特に，「主体的に学習に取り組む態度」の観点については，**学習に関する自己調整を行いながら粘り強く学習に取り組んでいるかといった，意思的な側面を捉えて評価することが求められます。**生徒の自己評価を評価資料の１つとして活用し，教師のポートフォリオ評価とあわせて，多面的・多角的に生徒の学習状況を評価していきます（図２）。

133

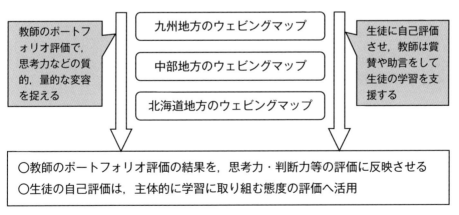

図２　学習の積み重ねに着目して評価を工夫するイメージ

49 パフォーマンス評価を 取り入れる

ポイント

1 ペーパーテスト以外の評価方法をもつ
2 実際に操作させて技能の定着を評価する
3 遺物模型を使って，その特色を説明させる

1 ペーパーテスト以外の評価方法をもつ

　地球儀や模型などの教材を操作しての作業的な学習や，地図や資料などを示しながら説明する学習で身につけた能力は，ペーパーテストでだけでは適切に評価できません。そこで，課題を実演させ，その様子を観察して評価するパフォーマンス評価を取り入れます。

　本項では，単純な教材の操作技能を見る実技テスト（パフォーマンステスト）を含めて捉えることとします。

2 実際に操作させて技能の定着を評価する

　二地点間の最短距離を，地球儀を活用して調べる技能などについて，**実技を行い，その様子を観察して評価するパフォーマンステスト**を考えました。パフォーマンステストは，地球儀の活用の他に，発表学習で適切に地図を使って位置や範囲などを指し示しながら説明することができるか，観察して評価する方法として設定できます。

【評価方法】
　課題に取り組む様子を観察して，あらかじめ設定した評価基準と照らし合わせて評価する。

【課題】
　東京とイギリスのロンドンを結ぶ最短ルートを示し，通過する主な国を説明しなさい。

【評価基準】

A（十分満足できる）	B（概ね満足できる）	C（努力を要する）
適切に2点間を押さえコースを示し，通過する国を説明している。	許容できる範囲で2点間を押さえコースを示して説明している。	①誤ったコースを示している。 ②説明ができない。

3　遺物模型を使って，その特色を説明させる

　歴史的分野の学習で，遺物や文化財を活用して観察する学習に取り組むことが考えられます。ここでは，**遺物模型を使い，パフォーマンス課題について考えたことを，実際に模型を指し示しながら説明させ，表現力や理解の状況を評価する方法**を考えました。

【評価方法】
　課題について考えたことを説明する様子を観察し，設定した評価基準と照らし合わせて評価する。

【課題】
　遺物模型を観察して読み取ったことを基に，遺物のつくられた時代の様子を1分程度で説明しなさい。

【方法】
　事前に遺物模型を見て考え，説明をまとめる時間をとる。メモを見ながら説明してもよい。

【評価基準】

	A（十分満足できる）	B（概ね満足できる）	C（努力を要する）
表現	論理的な説明が適切にできている。	読み取ったことを説明している。	時代の様子を説明できていない。
理解	時代の特色を適切に理解している。	時代の名称や遺物の概要を理解している。	学習した知識が身についていない。

50 授業を踏まえて
テスト問題を工夫する

> **ポイント**
> 1 実際に授業で行った学習活動を再現する
> 2 課題追究的な学習を踏まえて出題する
> 3 課題選択型の学習を踏まえて出題する

1 実際に授業で行った学習活動を再現する

　テストは，学習目標をどの程度達成できたか，授業で取り組んだ学習成果がどの程度定着しているのかといった生徒個々の学習状況を評価し，その結果を次の指導に生かしていくために行います。したがって，テスト問題は，学習目標を押さえ，日々の授業を踏まえて作成していくことが大切です。

　問題作成に当たり，単純に知識を問う出題形式に終始したのでは，思考力や表現力などを評価することができません。そこで，**実際に授業で行った学習活動を再現するイメージでテスト問題を作成する**ことを考えました。

2 課題追究的な学習を踏まえて出題する

　授業では，課題追究的な学習を展開し，資料を活用して情報を読み取り，見方・考え方を働かせ考察したことを表現する学習活動に取り組みます。そこで，**授業展開を踏まえて大問を構成し，実際に授業で取り上げた資料やまとめ方などを押さえて，資料活用の技能や思考力，表現力などを問う出題**を工夫していきます。地理的分野「南アメリカ州」の問題例を示します。

次の文章を読み，資料を見て，各問に答えなさい。

> ブラジルでは，もともと天然ゴムや（　X　）の栽培が行われ，代表的な輸出品となっている。近年，アマゾンでは森林が伐採され，広大な農地や放牧地になり，さとうきび，大豆，牛肉の生産量が増えている。一方で，森林資源の減少や｜　　　　Y　　　　｜などの問題が起きている。

資料　1975年と2013年のブラジルの輸出品（グラフ省略）

問1　文中の（　X　）に当てはまる語を，資料から読み取ったことをもとにして書きなさい。【技能】

問2　文中の｜　Y　｜に当てはまる，森林の伐採によって起こる問題を1つ書きなさい。【知識】

問3　次の図は，文章から読み取ったことを基に，「森林伐採」の影響や産業の動きとの関連についてまとめたものです。図の（1），（2）に当てはまる語を，文章中から探して書きなさい。【技能】

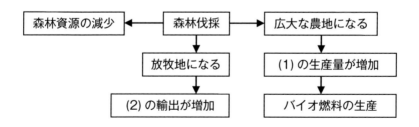

問4　上の文章の最後に，この地域の課題について次の文が書かれていた。この文の（①）と（②）に当てはまる語を書きなさい。【思考・表現】

｜アマゾンでは，（①）と（②）を両立させることが課題である。｜

3　課題選択型の学習を踏まえて出題する

　　協働的な学びを展開する中で課題を分担して調べたり，個に応じた学習を充実させる趣旨から課題選択型の学習を行ったりすることが考えられます。この場合，特に追究していく中で獲得した知識については，選択した学習内容により軽重が生じる心配があります。公平性の面で，知識を問う問題をどのように作成するか悩みどころとなります。

　　そこで，課題選択型の学習を踏まえた出題の仕方として，選択問題を工夫することを考えました。その際，課題数に応じて問題を作成するのは手間がかかります。そこで，**1つの小問の中に各課題に対応した選択肢を設定し，該当する答えを選択させる**ことで，効率的に問題を設定することができます。

　　歴史的分野「近代産業の発展と近代文化の形成」で，近代文化の形成に貢献した人物を選択して追究した学習展開を踏まえた出題例を，次に示します。

次のA～Dの人物の中から一人を選択し，その記号を書きなさい。

A　森鴎外　　B　黒田清輝　　C　岡倉天心　　D　滝廉太郎

問　選択した人物について当てはまることを，次のア～クの中から2つ選び，その記号を書きなさい。

　ア　来日したフェノロサに学び，日本の伝統的な美術を研究した。

　イ　ドイツに留学，日本の近代音楽の形成に貢献した。

　ウ　フランスに留学，西洋画を学び，帰国後は大学に務め西洋画を広めた。

　エ　ドイツに留学，医師として活躍する一方，すぐれた小説を発表した。

　オ　「湖畔」「読書」などの作品がある。

　カ　「舞姫」「高瀬舟」などの作品がある。

　キ　「荒城の月」「花」などの作品がある。

　ク　アメリカのボストン美術館に勤める。

【参考文献】

・文部科学省『小学校学習指導要領（平成29年告示）解説　社会編』（日本文教出版）

・文部科学省『中学校学習指導要領解説　社会編』（日本文教出版）

・文部科学省『中学校学習指導要領（平成29年告示）解説　社会編』（東洋館出版社）

・文部科学省『高等学校学習指導要領（平成30年告示）解説　地理歴史編』（東洋館出版社）

・国立教育政策研究所教育課程研究センター『評価規準の作成，評価方法等の工夫改善のための参考資料【中学校　社会】』（教育出版）

・青柳慎一『中学校社会科　授業を変える板書の工夫45』（明治図書）

・青柳慎一『中学校社会科　授業を変える課題提示と発問の工夫45』（明治図書）

・青柳慎一『中学校社会科　授業を変える学習活動の工夫45』（明治図書）

・岩田一彦『社会科固有の授業理論・30の提言　総合的学習との関係を明確にする視点』（明治図書）

・工藤文三編著『平成29年改訂　中学校教育課程実践講座　社会』（ぎょうせい）

・黒上晴夫・小島亜華里・泰山裕『シンキングツール　考えることを教えたい（短縮版）』（NPO 法人学習創造フォーラム）
http://ks-lab.net/haruo/thinking_tool/short.pdf

・高階玲治編『実践　クロスカリキュラム　横断的・総合的学習の実現に向けて』（図書文化社）

・館潤二編著『中学校社会科　重要学習事項100の指導事典』（明治図書）

・友野清文『ジグソー法を考える　協同・共感・責任への学び』（丸善プラネット）

・西辻正副・冨山哲也編『中学校・高等学校 PISA 型「読解力」　考え方と実践』（明治書院）

・原田智仁編著『平成29年版　中学校新学習指導要領の展開　社会編』（明治図書）

・堀内一男・伊藤純郎・篠原総一編著『中学校新学習指導要領の展開　社会科編』（明治図書）

・NHK for School ×タブレット端末活用研究プロジェクト『タブレット端末を授業に活かす NHK for School 実践事例62』（NHK 出版）

【著者紹介】
青柳　慎一（あおやぎ　しんいち）
1963年　東京都生まれ
中学校学習指導要領解説社会編作成協力者
著書
単著
『中学校社会科　授業を変える板書の工夫45』『中学校社会科
授業を変える課題提示と発問の工夫45』『中学校社会科　授業
を変える学習活動の工夫45』（以上，明治図書）
分担執筆
工藤文三編著『平成29年改訂　中学校教育課程実践講座　社
会』（ぎょうせい），原田智仁編著『平成29年版　中学校新学習
指導要領の展開　社会編』（明治図書），堀内一男・伊藤純郎・
篠原総一編著『中学校新学習指導要領の展開　社会科編』（明
治図書），堀内一男・大杉昭英・伊藤純郎編著『平成20年改訂
中学校教育課程講座　社会』（ぎょうせい）

中学校　社会の授業がもっとうまくなる50の技

2020年9月初版第1刷刊　©著　者　青　柳　慎　一
　　　　　　　　　　発行者　藤　原　光　政
　　　　　　　　　　発行所　明治図書出版株式会社
　　　　　　　　　　　　　　http://www.meijitosho.co.jp
　　　　　　　　　　　　（企画）矢口郁雄（校正）宮森由紀子
　　　　　　　　　　〒114-0023　東京都北区滝野川7-46-1
　　　　　　　　　　振替00160-5-151318　電話03(5907)6701
　　　　　　　　　　　　　　ご注文窓口　電話03(5907)6668
＊検印省略　　　　　　組版所　株式会社木元省美堂

Printed in Japan　　　　　ISBN978-4-18-293514-5
もれなくクーポンがもらえる！読者アンケートはこちらから →

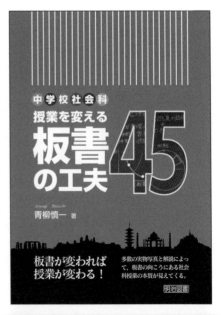

中学校社会科

授業を変える

課題提示と発問の工夫 45

Aoyagi Shinichi

青柳慎一 著

**学習課題と発問を通して
社会科授業の本質に切り込む！**

授業の展開を貫き支える柱、学習課題。授業を展開する舵、発問。課題提示の仕方や発問の表現の仕方に留まらず、一連の指導の流れの中でそれらをとらえ、授業そのものの工夫改善を提案。生徒が追究したくなる課題、答えたくなる発問が具体的な授業事例を通してわかる！

**シリーズ他書
も大好評！**

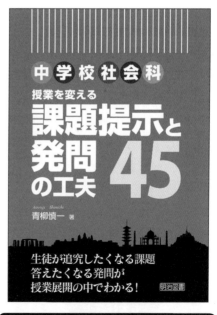

生徒が追究したくなる課題
答えたくなる発問が
授業展開の中でわかる！

明治図書

A5判／144頁／本体 1,860 円+税／図書番号：1744

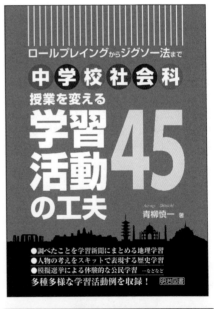